불황을 이기는
성공투자 ETF

불황을 이기는 성공투자 ETF

초판 1쇄 인쇄 2009년 1월 2일
초판 1쇄 발행 2009년 1월 9일

지은이   **전영수**
펴낸이   **박옥란**
편집   **강지은 박현아 황수진**
교열교정 **이기동**
디자인   **나준희**

펴낸곳   **맛있는책**
출판등록 제310-2006-00024호
주소   서울시 종로구 내수동 75번지 용비어천가 516호
E-Mail   change4dream@empal.com
전화   (02) 318-1204
팩스   (02) 318-1205

값 10,000원
ⓒ 2008 전영수
ISBN 978-89-93174-04-5 13320

불황을 이기는
성공투자
E★T★F

전영수 지음

智休 맛있는책

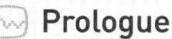 **Prologue**

2008년 낙심 vs 2009년 도전
'희망과 승리의 대명사 ETF'

2008년 한국의 자산시장은 설상가상(雪上加霜)의 연속으로 정리될 듯하다. 한치 앞도 내다보기 힘든 불확실성이 자산시장을 끈질기게 괴롭힌 결과다. 호재는 간데없이 악재만 자기복제를 반복했다. 투자자로선 참기 힘든 한해였다. 실제로 투자심리는 '낙심(落心)' 그 자체다. 돈 좀 벌려고 자산시장에 뛰어들었더니 수익은커녕 본업인 근로소득조차 경기침체 탓에 깎일 판이다. 오로지 현금보유만 강조된다. 이로써 다사다난했던 2008년, 한국투자자들의 선택은 '동작 그만' 이다.

그렇다고 경직상태가 지속돼선 곤란하다. 현명한 휴식은 몰라도 시대여파에 휘둘려 신세한탄만 하기엔 갈 길이 너무 멀다. 내일은 내일의 태양이 떠오르는 법이다. 새 술은 새 부대에 담듯 새로운 자세정립·전략수립이 필요한 때다. 쉽진 않다. 당분간 자산 디플레가 기정사실인데다 실물경기에까지 불황그림자가 짙다. 한국사정은 더 열악하다. 하지만 포기는 금물이다. 몰매상처가 생각나더라도 맷집을 키워 재차 신발 끈을 동여매는 도전정신이 먼저다. 위기가 곧 기회인 법. 실패는 누구든 한다. 넘어졌다고 멈춰서면 아마추어다. 최종승자는 넘어져도 훌훌 털고 다시 뛴다. 실패를 통해 교훈을 배우는 게 바람직하다. 이런 점에서 2008년이 남긴 또 하나의 키워드는 '도전'이다.

뿔났다고 시장을 떠나선 안 된다. 박탈감에 사로잡혀 "다신 거들떠도 안 보겠다"는 심정은 충분히 이해된다. 하지만 이 결심은 재고여지가 있다. 현명한 투자자는 다르다. 똑같은 위기와 혼란 속에서 오히려 낙관과 긍정을 찾는다. 기회모색이다. 단기간에 폭락했으니 싼 값에 우량자산을 거둬들일 둘도 없는 호기라는 얘기다. 우량자산의 저가매입, 즉 가치투자다. 기회는 늘 있다. 주식투자를 야구에 비유한 워렌 버핏의 말처럼 좋은 공이 올 때까지 묵묵히 기다리면 반드시 배트를 휘두를 기회는 생긴다. 자산시장에서 제일 중요한 건 마음(投心)이다. 투자활동은 탐욕과 공포가 반복하는 심리전이다.

때를 낚자면 긍정·낙관이 필수다. 긍정적인 사고는 성공투자의 지름길이다. 시장을 두려워하거나 부정적으로 볼 필요는 없다. 작은 출렁거림과 일시적 하락에 의기소침해서도 안 된다. 길게 봤을 때 투자자산은 늘 값이 올랐다. 시장을 믿고 시간만 버텨내면 누구든 장기투자의 승자가 될 수 있다. 실제로 시장을 리드한 이들은 대부분 낙관론자다. 시장을 암울하게 보는 사람치고 성공사례는 보기 드물다. 망하지 않는 한 기회는 있다. 잠깐씩 상향경로를 이탈하긴 해도 큰 방향까지 거스러진 않는다. 표준편차를 벗어나도 금방 회귀한다. 2008년처럼 이탈경도가 심할수록 회귀본능은 더 커진다. 주기적 등락은 물론 폭등과 폭락조차 자연스런 움직임이다. 이것이 장기투자의 근거다.

피터 린치는 "돈 많은 늙은 과부와 결혼했다면 비관할 필요는 없다"고 했다. 늙은 과부란 조만간 죽게 마련이며, 굳이 비관적으로 생각하지 않아도 그 돈은 자기 것이 되기 때문이다. 시장상황도 그렇다. 조바심 대신 시간을 낚는 게 현명하다. 긍정·낙관적인 투자심리만 갖췄다면 미래는 밝다. 아는 게 없고, 경험이 적다고 위축될 필요는 없다. 투자활동은 지식논쟁이 아니다. 현명한 머리보단 냉정한 가슴이 먼저다. 자산시장에선 분석력보단 상상력이 파워풀한 승률을 안겨준다.

2008년 끝자락을 앞두고 희망적인 메시지가 목격된다. 그간의 폭락자산을 떨이로 거둬들여 시세차익을 노리겠다는 '체리 피킹(Cherry Picking)'의 등장이 대표적이다. 혼란에서 기회를 찾는 움직임이다. 선두주자는 워렌 버핏이다. 그는 "고통스런 폭락이지만 나에겐 잘된 일"이라고 했다. 시장이 망하지 않는 한 지금의 매수조건이 너무나 매력적이란 이유에서다. 가치(Value)대비 가격(Price)이 비이성적으로 벌어졌으니 희망을 품고 기다리면 승산이 있다고 봤기 때문이다. 물론 단기적으론 손해도 컸다. 하지만 여전히 시장을 향해 미소를 날린다. 조바심이나 짜증은 찾아볼 수 없다. 긍정과 낙관의 힘을 알기 때문이다. 월가고수의 여유로운 미소에서 내일의 투자지도를 읽어봄은 어떨까.

새로운 도전은 명품자산과 함께 하는 게 좋다. 명품자산이란 업계이익이 아닌 고객이익을 우선한 상품을 뜻한다. 내 가족에게도 투자를 권유함직한 저비용 · 고효율의 양심상품이다. 리스크천지인 개별 주식투자나 수수료만 비싼 펀드투자는 이런 점에서 탈락이다. 개중엔 고객가치를 선반영한 양심자산이 없진 않겠지만, 그것을 찾아 기대효과를 누리기란 건초더미 속에서 작은 바늘을 찾는 것과 같다. 비현실적이다. 그만큼 현존하는 투자자산 중 양심이 반영된 상품은 거의 없다. 입안의 혀처럼 침소봉대 · 과장광고로 고객주머니를 털려는 약탈자산이 절대다수다. 아마추어라면 기본적으로 승률이 낮을 수밖에 없는 이유다. 그런 점에서 2008년의 실패교훈은 적잖이 시의적절하다. 투자세계의 진실을 깨닫고 초심으로 돌아갈 수 있는 반면교사를 제공했기 때문이다.

그렇다면 정말 양심자산은 없을까. 고맙게도 '존재'한다. 물론 100% 고객가치를 반영하진 않았지만, 그나마 가장 공평무사한 상품이 있다. 최선은 아닐지언정(앞으로 최선이 나올지도 미지수다) 차선책이라면 채택할만한 알짜 명품자산이다. 인덱스펀드나 ETF다. 이들 자산은 중간자의 개입여지를 최소화해 대리인비용을 낮춤으로써 저비용을 실현했다. 여기에 시장(혹은 업종)전체를 고루 사들여 분산효과까지 높였다. 경제 · 경기란 게 장기적으론 우상향(↗)이란 점에서 장기투자일 경우 복리효과까지 기대할 수 있다. 진입비용도 싸다. 단돈 10만원이면 누구든 이들 양심자산에 투자할 수 있다. 성공투자의 3대 조건인 '장기·분산·적립투자'를 고루 만족시킨 유일무이한 자산이다. 투자자 본인만 기본정석대로 접근하면 얼마든 승률을 높일 수 있는 명품자산이다. 여기엔 반론의 여지가 없다. 역사가 증명한 가장 단순하지만 확실한 고객지향의 투자자산인 까닭에서다.

특히 ETF는 인덱스펀드보다 투자매력을 더 높였다. 사실 인덱스펀드는 다이어트와 같다. 해야겠는데, 지키기가 힘들다. 인덱스펀드도 그렇다. "인덱스펀드 개발은 바퀴와 알파벳 발명만큼 가치 있다"는 폴 새뮤얼슨의 지적에도 불구, 워낙 묵직하고 호흡이 긴데다 단기수익률마저 밋밋해 조바심 나는 개인투자자가 접근하기 어렵다. 하지만 ETF는 이 딜레마를 수용·해결했다. 펀드지만 실시간 매매가 가능하고, 투자비용은 인덱스펀드보다 오히려 더 싸며, 장기·분산·적립효과는 그대로 유지할 수 있도록 만들어졌다. 추적지수가 다양해지면서 상품라인업까지 보강돼 고객입맛에 맞춰 골라잡을 수도 있다. 이 정도면 투자불황기의 고민을 풀어줄 대안상품으로 손색이 없다. 굳이 불황기가 아니라도 ETF는 그 자체로 누구에게든 꼭 필요한 투자대상이다. 즉 보유비중에 차이는 있을지언정 남녀노소, 투자성향과 무관한 필수자산이다. 균형 잡힌 포트폴리오를 완성하는 마침표여서다. 염려되는 몇몇 함정과 유의사항만 극복하면 된다. 액티브펀드를 운용하는 월가의 투자대가들조차 21세기 최고의 금융상품으로

ETF를 꼽는데는 그럴만한 이유가 있잖을까.

 이 책을 쓰면서 적잖은 한계에 직견했음을 고백한다. 무엇보다 자료검색·확보가 힘들었다. ETF의 역사가 워낙 짧아 수집 가능한 정보자체가 적었다. 국내외를 통틀어 기존저서나 연구보고서는 손에 꼽을 정도였다. 따라서 내용 중에 충분한 설명이 결여됐거나, 필요정보가 빠진 경우도 있다. 후속작업 때 보충하겠다는 변명으로 갈음한다. 동시에 몇몇 내용은 수차례 반복·설명했다. 워낙 중요한 포인트였기도 했지만, 논리전개를 위해 불가피한 면도 없지 않았다. 그만큼 강조하고 싶었다는 의지로 이해해주길 바란다. 쓰면서 정작 필자가 가장 많이 배웠다. 동시에 그간 오류가 적잖았던 필자의 ETF 투자전략도 상당히 수정됐음을 고백한다. 이 책을 통해 많은 이들이 ETF의 진면목을 경험해보길 권한다. 강조컨대 초심과 원칙만 지키면 ETF는 아주 괜찮은 명품자산이다.

전영수
2008년 세밑 광화문에서

Contents

1
명품펀드의 대명사
'도랑 치고 가재 잡는 ETF'

2
ETF 투자가이드
'승률 높이는 마법전략 완전정복'

3

ETF의 장밋빛 미래
'포트폴리오의 핵심자산'

P·A·R·T **1**

명품펀드의 대명사
'도랑 치고 가재
잡는 ETF'

● 펀드신화의 몰락 '딜레마 풀어줄 출구모색' ● 화려한 데뷔 '출사표 던진 앙팡테리블 ETF' ● 펀드의 진화 '반짝 아이디어와 금융공학의 만남' ● 상품구조 분석 '부인할 수 없는 ETF의 매력' ● 투자메리트 '개별종목 < 액티브 < 인덱스 < ETF' ● 탄탄한 라인업 '무궁무진한 예비 기초자산' ● 명품자산 ETF로 '투자를 즐하는 10가지 방법'

펀드신화의 몰락
'딜레마 풀어줄 출구모색'

'펀드 = 수익' 등식에 비상불이 켜졌다. 2004년 이후 천문학적인 시중자금을 흡수하며 승승장구하던 펀드투자 광풍(狂風)에 브레이크가 걸린 것이다. 그것도 심하게 걸렸다. 펀드시장에 직접 태클을 건 건 서브프라임모기지 부실사태다. 좀 더 확대하면 2000년대 이후 글로벌 호황의 두 날개였던 '미국내수 · 중국수출'의 선순환구조가 꺾인 탓이다.

산이 높으면 골이 깊다. 2008년 이후 펀드시장엔 비명소리가 가득하다. 수익률 '쓴맛'에 투자자는 '죽을 맛'이다. 적금해약도 모자라 담보대출까지 받아 빚으로 투자한 이들은 아노미 상황에 빠졌다. 펀드가 온 국민의 필수자산으로 떠오르면서 시장의 하락

반전은 국가적 충격으로까지 비화된다. 일각에선 펀드발(發) 중산층 몰락 시나리오까지 거론된다. 관련소송도 급증세다.

펀드 '보릿고개'의 개막이다. 보릿고개는 무차별적이고 광범위하다. 1가구 1펀드라는 비유처럼 펀드계좌만 2,000만개를 넘어선지 오래다. 개인투자자라면 절대다수가 선택한 투자방법인 적립식 자금이 전체 펀드투자액의 절반을 웃돌 정도다. 일부만의 잔치에 모두가 동참해 먹을 것이 없어진 셈이다. 보릿고개가 전국을 강타한 이유도 여기에 있다.

펀드드림에 실었던 희망이 컸던 만큼 부작용도 상당하다. 투자세계의 진리라고 일컬어지는 균형감각은 일찌감치 잃어버렸다. '펀드 = 장기투자'의 등식은 설 땅은커녕 명함조차 내밀기 힘들어졌다. 자산시장엔 인기 영합적이며 단타 지향적인 '묻지마 투자'만 존재했다. 업계의 과장광고와 투자자의 과욕이 딱 맞아떨어진 결과다.

〰️ 투자광풍 끝은 쪽박대란 '펀드투자 후회막급'

날아간 돈은 천문학적이다. 수익률 하락은 명품·인기펀드조차 비켜가지 않았다. 오히려 유명할수록 까먹은 돈은 더 컸다. -20~-30% 하락은 그나마 양반이요 평균이상이다. 재수 없이 고점에 막차를 탄 순식간에 원금을 거의 날린 사례까지 생겨났다. 반 토막 이상 깨진 건 비일비재하다.

제로인 자료(설정 1개월, 설정액 10억 이상 685개 국내주식형)에 따르면 1년 평균수익률(2008년10월29일 현재)이 -52.79%로 나타났다. 평균이 반 토막인 셈이다. 2008년에만 허공에 사라진 돈이 75조원에 달한다. 종합주가지수가 4분기 이후 한때 1,000선을 내준 게 가장 큰 원인이다.

시중자금의 블랙홀로 불리며 엄청난 돈을 끌어당긴 중국·베트남 등 일부 해외펀드의 수익률 하락폭은 더 컸다. 즉각적 환매로 손실을 줄였다면 몰라도 대부분은 앉아서 '떨어지는 칼날'을 쥘 수밖에 없었다. 기대감에 떠들썩했던 펀드시장은 곧 실망감에 가득한 한숨소리가 끊이지 않았다. 잔칫집은 어느새 초상집으로 변했다. 위의 제로인 결과(해외주식형 775개)를 보면 1년 평균수익률이 -62.26%로 집계됐다.

문제는 앞으로다. 펀드시장의 추락이 단기간에 그친다면 '까짓' 비싼 수업료 냈다 치고 내일을 기약할 수 있다. 이보전진을 위한 일보후퇴나 반면교사로 삼으면 그것도 나쁘잖다. 다만 시장불황이 장기간이고 구조적이라면 얘기는 달라진다. 포트폴리오를 대폭 변경하거나 투자전략 자체를 원점에서 재검토해야 할 상황이 펼쳐져서다.

아쉽게도 후자일 확률이 높다. 근거는 많다. 펀드시장의 단기 급등과 거시경제·투자심리 악화 등이 대표적이다. 정상을 되찾기엔 상당한 시간이 걸릴 전망이다. 심하게 말해 자산버블을 낳았던 인플레 시기가 또 올지 그것 자체가 미지수다.

그렇다고 펀드투자 자체가 잘못된 건 아니다. 기대효과(위험대비수익)·복리효과·진입장벽 등을 감안하면 펀드는 어쨌든 불가피한 대세다. 즉 방향은 옳지만 그간의 방법이 틀렸을 뿐이다.

방법을 바꿔 재도전해야지 대세로 정착된 방향까지 거스를 필요는 없다. 투자자세·철학을 수정하고 재정립하는 계기로 삼자는 얘기다. 성장통(痛)을 겪는다고 성장판(板)이 닫히진 않는 법이다. 되레 아픔을 잘 이겨낼수록 성숙해지는 법 아니던가.

펀드엔 종류가 많다. 다만 대부분은 주식형펀드에 익숙하다. 주식비중 60% 이상의 고위험·고수익 자산그룹을 펀드의 전부로 이해하는 이들이 절대다수다. 펀드매니저의 운용능력에 따라 성과(수익률)가 엇갈리는, 이른바 액티브펀드다. 아마추어들에게 그 밖의 펀드는 이해정도가 낮을 뿐 아니라 기본적으로 관심도 적다.

다만 안타깝게도 액티브펀드엔 거품이 많다. 많은 이들이 액티브펀드의 치명적 결함과 함정을 잘 모른 채 교묘하게 만들어진 인기와 환상만 믿고 거액을 투자한다. 특히 액티브펀드는 대박을 좇는 한국투자자들의 입맛과 절묘하게 맞아떨어진다. '잘못된 상품을 잘못된 고객이 사는 셈'이다. 부작용의 확대다. 장이 추락할 때의 폭락펀드도 하나같이 액티브펀드다(물론 호황장세 선두주자도 액티브펀드다). 훨씬 깊고 매섭게 떨어진다.

액티브펀드는 업계이익을 반영한 상품이다. 운용·판매사로선 팔면 팔수록 남는 장사다. 대놓고 상품권유를 하는 이유다. 이는 곧 고객입장에선 '고비용·저수익' 구조란 의미다. 당장 비용이 너무 세다. 차 떼고 포 떼듯 이름도 가지각색인 비용부담이 상당하다. 특히 한번 팔면 끝인 게 인지상정인 판매수수료·보수는 이중삼중으로 펀드수익을 매년 갉아먹는다.

만족스런 수익률이라도 안겨주면 그나마 괜찮다. 고비용은 수익대가로 지불할 수 있다. 문제는 수익률조차 마뜩찮다는 점이다. 꾸준하게 장기수익을 기록한 건 둘째 치고 오랫동안 살아남은 생존펀드조차 찾아보기 드물다.

대부분 가장 돋보이는 단기·특정시점의 고수익을 내세워 '대박펀드'임을 자임한다. 하지만 실상 뜯어보면 고객을 끌어 모으려는 가당찮은 눈속임에 불과하다. 측정하기 힘든 펀드매니저의 실력이나 난무하는 전문용어도 액티브펀드가 터득한 화장술 중 하나다.

이젠 액티브펀드의 진실을 알아야 할 때다. 값은 비싼데 효용이 별로라면 사선 안 된다. 옷 한 벌 사는 쇼핑 때조차 비용대비 효용의 경제 합리성을 강조하는 똑똑한 소비자들이 금융시장에서만큼은 왜 경제학을 경시하는지 알 수 없지만, 이는 분명한 사실이다.

🔲 필승전략 인덱스 투자로 '보릿고개를 넘겨라!'

액티브펀드의 진실은 투자경제학의 진리다. 정답은 위험대비 기대수익이 높은 자산에 대한 현명한 투자다. 위험이 충분히 컨트롤된, 그러면서도 짭짤한 수익이 기대되는 명품자산을 찾자는 얘기다(그렇다고 고수익을 기대해선 안 된다).

위험과 수익은 정비례한다. 고위험이면 고수익, 저위험이면 저수익이다. 예외는 없다. 다만 둘 다 보통의 투자자들과는 인연이 없다. 모 아니면 도의 극단적 케이스인 까닭에서다. 대신 충분히 낮은 비용과 적은 위험으로 작지만 꾸준하게 수익을 쌓는 (시간이 지나면 고수익이 될 수 있다) 방법이 더 현실적이며 효과적이다.

그렇다면 '저비용·저위험·고수익' 투자자산 혹은 투자방법은 뭘까. 정답은 '인덱스 투자'다. 인덱스 관련자산에 대한 투자는 미래투자의 핵심키워드다. 알고 실천하면 누구나 이길 수밖에 없는 알짜자산이기 때문이다. 말도 많고 탈도 많은 액티브펀드만큼 화끈함은 적지만, 작고 밋밋한 움직임 안에 고객우선의 가치가 실현돼 있다.

특히 투자약자들에겐 둘도 없는 필수자산이다. 불가능한 미래예측에 휘둘리며 메뚜기처럼 뛰어다니는 투자보단 시장평균만큼만 먹겠다는 소박함이 시간의 힘에 올라탈 때를 기다리는 게 낫다. 인덱스투자의 백미는 바로 작지만 꾸준한 수익구조에 있다. 대표적인 게 인덱스펀드다.

인덱스펀드의 구조는 간단·명쾌하다. 다만 그 성과는 놀랍기 그지없다. 벤치마크(시장평균)를 따르도록 설계된 까닭에 펀드매니저의 품이 거의 들지 않아 비용자체가 싸다. 액티브펀드가 2.12%를 뗄 때 인덱스펀드는 1%대 중반에 머문다(2008년 2월 기준). 뗴는 돈이 적으니 고객수익은 더 커진다. 비용절감의 기대효과는 시간이 갈수록 보다 커진다. 즉 복리효과다.

무엇보다 장기수익률이 높다. 미국의 30년 인덱스펀드 역사를 분석해보니 승률은 대부분 '인덱스펀드 〉 액티브펀드'다. 특히 액티브펀드는 장기 생존율도 인덱스펀드보다 못하다. 이는 한국도 비슷하다. 시장 휘둘림이 적으니 잡음과 방해 없는 소신투자

20

가 가능하다는 것도 장점이다.

그럼에도 불구, 인덱스 관련자산은 베일에 가려있다. 전문가들은 잘 알지언정 일반인들에겐 낯선 상품이다. 그럴 만도 하다. 먼저 업계자체의 대응이 소극적이다. 상품 가짓수가 적고 광고·홍보조차 별로 하지 않는다. 돈이 안 되는데다 자칫 액티브펀드 등 주력상품의 판매전선에까지 악영향을 미칠까 우려해서다.

투자자들도 아직은 탐탁찮게 여기는 기색이 역력하다. 굳이 발품까지 팔면서 인덱스 관련자산을 사는 게 귀찮고 어색하다. 또 가격 움직임이 적고 더뎌 냄비근성에 익숙한 개미군단으로서는 투자묘미를 느낄 수도 없다. 한마디로 스릴이 없다. 그러니 일반인들이 멀리 하게 된다.

🌊 소리 없이 강한 ETF 성장세 '인덱스업계의 앙팡테리블'

다행스러운 건 2008년 이후 최근의 조정(폭락)장을 통해 인덱스 관련자산에 대한 관심이 높아지고 있다는 사실이다. 짧은 역사(10년)와 계속된 강세장(=액티브펀드 유리) 탓에 그간 소외됐지만, 최근 상황악재가 반전되면서 인덱스 관련자산의 진면목에 눈을 뜬 투자자가 늘어난 결과다. 인덱스 관련자산의 맏형격인 인덱스펀드의 활약이 대표적이다.

시장수익을 좇는 인덱스펀드의 합리적 도표가 궁극적으로 뛰어난 사후성과임을 증명해주는 통계도 많다. 2003년 3월부터 2008년 5월까지 집계한 수익률(제로인, 순자산 100억 이상)을 보면 액티브, 인덱스펀드 각각 276%, 290%로 나타나 인덱스펀드가 근소하게 승리했다. 파생·선물로 초과수익을 거둔데다 배당수익이 재투자된 게 비결로 꼽힌다. 물론 액티브펀드 중 상위멤버들은 400~500%의 환상적인 고수익을 기록했다.

인덱스펀드의 거침없는 행보와 함께 새롭게 부상하는 투자자산도 있다. 최근 몇 년 새 급성장한 ETF(Exchange Traded Funds, 상장지수펀드)가 그렇다. ETF는 인덱스펀드가 한층 진화된 형태의 자산이다. 액티브펀드의 고질적인 딜레마를 단숨에 해결한 데 이어 인덱스펀드의 단점까지 줄이고 장점은 유지·개선시킨 혁명적인 자산이다. 21세기 최고의 금융상품이란 찬사를 받는 이유다.

짧은 역사에도 불구, 새로운 형태의 ETF가 속속 출시되며 소리 없이 강하게 영역을 확장하고 있다. 딜레마에 사로잡힌 대한민국 펀드시장에 숨통을 틔워줄 유력한 투자대안이라는 평가도 많다. 실제로 수탁고와 상품종류 등은 매년 급성장 중이다. 충분히 주목해봄직한 투자자산이란 얘기다.

이유 있는 명품자산 '인덱스펀드' …
훌륭한 운용사 · 낮은 비용 · 꾸준한 수익 '세 박자' 중요

명품 인덱스펀드를 고르는 첫째 조건은 좋은 운용사 선택에 있다. 인덱스펀드가 펀드매니저의 입김을 사전에 제거했다지만 한국의 경우 벤치마크를 100% 추종하는 상품이 거의 없다는 점에서 일정 부분 운용주체의 능력이 개입된다. 벤치마크가 무엇이고, 어떤 기준으로 종목을 고르며, 어떤 시점에 종목을 바꾸는지는 순전히 운용사 의사결정에 좌우될 수밖에 없다. 따라서 오랜 노하우와 높은 지명도를 지닌 운용사가 유리하다.

대형운용사라고 무조건 좋지는 않다. 덩치와 지명도는 떨어져도 특정상품에 강점을 가진 특화운용사가 더 빼어날 수도 있다. 장기 · 중기 · 단기로 나눠 지속적인 고성과 펀드가 많다면 일단 좋은 점수를 줘도 좋다. '들쑥날쑥' 한 수익률보단 '꾸준한' 수익률이 우선이다. 회사역사와 함께 펀드매니저와 CEO의 근속기간이 길수록 신뢰도는 높아진다.

또 다른 중대변수는 저렴한 보수 · 수수료다. 명품 인덱스펀드의 우선조건은 역시 '저비용' 이다. 판매수수료 · 보수가 낮을수록 수익확률은 높아진다. 인덱스펀드를 키운 주역인 존 보글은 "고비용 펀드야말로 실패를 예언하는 가장 설득력 있는 근거"로 본다. 더불어 "도박판처럼 증시에서도 개평꾼들의 몫을 최소화하는 게 고수익을 올리는 지름길"이라고 주장한다. 즉 높은 세후수익률이 관건이다. 판매수수료와 운용보수는 물론 세금까지 민감하게 챙길 필요가 있다.

다음은 수익극대화다. 이때 단순히 현재 수익률만 봐선 곤란하다. 그 성과가 어떤 과정을 통해 쌓여졌는지 살펴볼 필요가 있다. 즉 일별 시장수익률과 펀드수익률간의 차이가 낮을수록 좋다. '추적오차(Tracking Error)'의 안정성 문제다(뒤에 자세히 설명된다). 추적오차란 인덱스펀드의 수익률과 벤치마킹 지수변동률의 차이를 말한다. 인덱스펀드 특유의 기능에 충실하려면 추적오차는 낮을수록 좋다. 목표의 100%에 가까운 복제능력을 가졌을수록 좋은 실력이라고 볼 수 있다.

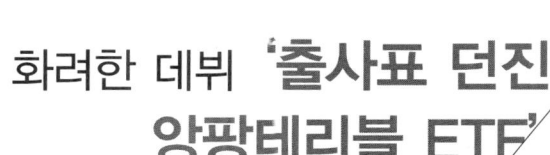

화려한 데뷔 '출사표 던진 앙팡테리블 ETF'

"인덱스펀드를 하고 싶은데, 어떻게 하죠?"

"ETF는 또 뭔가요?"

요즘 은행창구나 증권사객장엔 새로운 유형의 문답이 조금씩 늘고 있다. 일반인이라면 낯설 수밖에 없는 신종 금융자산에 대한 관심중가다. 과거라면 업계나 전문가들로부터 소개·전파될 신종상품이 지금은 고객들이 먼저 해당정보를 알고 문의하는 경우가 늘었다. 자산정보 확인검색이 'Top down'에서 'Bottom up'으로 바뀌었다는 얘기다. 진입장벽이 높고 전문용어가 판치는 자산시장에선 보기 드문 풍경이다.

개인투자자들의 경험담과 노하우, 정보 등이 한곳에 모이는 인터넷사이트나 온라인 투자카페도 마찬가지다. 최근 인덱스 관련자산에 대한 글이 부쩍 늘었다. 개중엔 전문가 뺨치는 입담을 자랑하는 경우도 적잖다.

인덱스펀드나 ETF 등 인덱스 추종형 자산에 대한 관심증가는 2007년 하반기 이후 장세가 내리막으로 줄달음친 것과 정확히 일치한다. 침체·횡보장세의 개막과 인덱스 관련투자의 득세엔 무슨 연관이 있는 걸까.

〰️ 순환하는 자산시장 '화장발 가고 자연미 뜬다'

자산시장은 돌고 돈다. 경기의 바로미터인 돈값(금리)변동에 따라 자산시장의 유행과 특정유형의 인기상품도 변하게 마련이다. 경기주기별로 유망자산이 구분되는 이유다. 금리(유동성)상황에 따라 위험·안전자산의 선호가 바뀌는 것도 동일한 구조다. 시장수요에 걸맞게 금융상품의 변신 역시 일상적일 수밖에 없다.

일례를 보자. 경기(금리)가 바닥이면 채권이 뜬다. 이후 회복기에 접어들면 주식과 함께 부동산 등 일부 실물자산이 히트상품으로 떠오른다. 경기가 정점에 도달한 뒤 하락하기 시작할 땐 단연 현금이 최고다. 이렇듯 순환구조는 자산시장의 최대특징 중 하나다. 금융상품도 마찬가지다. 증시가 좋을 땐 고위험·고수익자산이 인기를 끄는 반면 불황장세 땐 예·적금 등 안전자산이 바통을 이어받는다.

그렇다고 자산성격 자체가 바뀌진 않는다. 시장은 변해도 자산구조엔 변함이 없다. 금리와 증시(위험자산)가, 달러와 금값이 반대로 움직이는 건 불변에 가까운 진리다. 다만 금융공학의 발전과 구조적 합종연횡에 따라 상품종류는 얼마든 다양해진다. 금융상품의 연금술 덕분이다. 안전한 위험자산이, 또 위험한 안전자산이 급증하는 배경이다. 그만큼 투자자들의 입맛과 눈높이가 까다로워졌다는 뜻이다.

최근 인덱스 관련자산이 인기몰이의 진원지로 떠오른 것도 비슷한 맥락에서 이해된다. 한국증시는 지난 2003~2007년에 걸쳐 초유의 대세상승장을 경험했다. 사두면 무조건 오르는 마술 같은 호황장세였다. 주식 직접투자를 비롯해 펀드투자는 최전성기를 맞았다.

하지만 시장은 순환하는 법. 2008년 이후 상황은 역전됐다. 금융쇼크로 불확실성이 강조되면서 안전자산이 부각되는 새로운 투자시대가 열린 것이다. 금리인하 등 경기부양이 본격화돼도 위험자산의 아픈 기억이 사라지기엔 시간이 필요할 전망이다.

인덱스투자 경제학의 첫째 챕터는 '시장상황 변화' 편이다. 화끈하지만 위험천만한 액티브 관련자산의 최근 실패담이 그만큼 뼈아프다는 의미다. 실제로 승승장구하던 액티브펀드의 몰락과 ETF의 인기몰이는 얼추 맞아떨어진다. 증시변동성의 심화 탓에 액티브펀드의 수익률이 악화되자 그 대안으로 ETF 등 저변동성 인덱스 관련자산이 각광을 받기 시작한 것이다.

특히 급변장일수록 불리해질 수밖에 없는 개인투자자들에게 그나마 묵직하게 움직이는 인덱스 관련자산은 미로를 빠져나올 유력한 탈출구이자 위험을 컨트롤할 수 있는 마지막 대안이라는 분석이 힘을 얻고 있다.

액티브 관련자산에 대한 후회와 반성의 결과물은 ETF 투자경제학의 둘째 챕터인 '금융공학과의 조우'로 연결된다. 위험자산의 기대수익률까진 아니라도 이제 막 호황장세를 마무리한 까닭에 여전히 머릿속은 '시장금리+α'라도 챙기고 싶은 마음이 간절하다. 안전자산의 선두주자인 예·적금으로의 관심이전에 시간이 필요한 이유다.

그만큼 눈높이를 맞춰줄 새로운 자산에 대한 수요는 증가한다. 금융공학은 이때 빛을 발한다. 같은 맥락에서 신기술(금융공학)이 없었다면 ETF의 성공적 진화도 불가능했을지 모른다.

인덱스 관련자산은 엄격히 말해 신종자산은 아니다. 인덱스펀드만 해도 30년 역사를 가진 중고참 자산 중 하나다. 하지만 금융공학과 만남으로써 끊임없는 진화를 통해 상품구조를 다양·선진화하는 식의 새로운 변신을 반복했다.

짧은 역사의 ETF지만, 지금은 금융공학 덕분에 한층 강화된 라인업을 자랑하고 있다. 말이 인덱스자산이지 뜯어보면 인덱스만으로도 포트폴리오를 구성하고도 남을 정도로 상품의 다양성이 강화되는 추세다.

결국 인덱스펀드 및 ETF의 화려한 데뷔와 성공은 충분히 예상된 결과다. 액티브 관련자산이 스포트라이트를 받을 때 음지에서 묵묵히 자생적 경쟁력을 키워온 덕분이다. 장세가 역전되자 이들 인덱스 관련자산이 화려하게 주목받는 건 당연한 수순이다. 특히 ETF는 업계가 인덱스펀드의 뒤를 이을 유력 대표선수로 낙점, 심혈을 기울여 키워낸 차기 수익모델의 주류자산이다. 이미 ETF를 앙팡테리블로 보는 기대감이 높다.

ETF의 투자경제학 마지막 챕터는 ETF 특유의 '필승구조와 메리트' 편이다. ETF는 아는 사람은 다 아는 걸출한 명품자산이다. 굳이 2008년 이후의 시장변화가 아니라도 관심을 가질 수밖에 없는 썩 괜찮은 상품구조를 자랑한다. 비교적 데뷔가 늦은 상품이라 인지도가 낮은 게 한계지만, 상품구조만 보면 장세와 무관하게 흔들림 없는 무패행진이 가능한 저위험·고수익 자산이기 때문이다.

㎞ 새로운 투자시대 '인덱스의 진화를 주목하라!'

요컨대 ETF는 미운 구석이 거의 없다. 비용은 가장 저렴하면서 위험까지 통제할 수 있는데다 장기 고수익까지 기대할 수 있다. 뿐만 아니라 투자성향에 따라 얼마든 원하는 기초자산을 입맛대로 골라 투자할 수 있다. 여기에 주식처럼 실시간 장중거래를 통해 환금성까지 완벽히 구비할 수 있다. 이밖에도 ETF의 장점은 셀 수 없이 많다. 자세한 건 뒤편에서 자세히 다룬다.

전문가들에 따르면 인덱스구조를 한층 진화시킨 ETF는 근래보기 드문 혁신적인 금융상품이다. 그나마 현존하는 투자자산 중 최고의 투자메리트를 가졌다는 인덱스펀드보다 한 단계 업그레이드됐기 때문이다. 즉 고객친화적인 철학이 친절하고 명쾌하게 ETF 상품자체에 녹아있다는 얘기다. 개인투자자든 기관투자가든 모두가 손쉽게 활용할 수 있는 가장 효율적인 설계회로를 지넜다.

  결국 ETF의 화려한 데뷔와 거센 세몰이는 우연이 아닌 필연에 가깝다. 약간의 입소문과 동시에 급성장한 수탁고 및 상품종류가 그 단적인 예다. 마치 기다렸다는 듯 불씨가 일자 무서운 속도로 불길이 일었기 때문이다. 인덱스펀드든 ETF든 대중들에게 본격적으로 존재감을 알린 건 불과 1~2년에 불과하지만, 성장세만큼은 업력에 걸맞지 않게 젖먹이 수준을 가볍게 넘어섰다는 게 중론이다.

〰️ 최근 1년간 ETF 560% 성장 '혁신적 금융자산'

  ETF 성장세를 간단히 살펴보자. 우리투자증권에 따르면 출시 원년이던 2002년 12월부터 2007년 6월까지 ETF 설정규모는 줄곧 8,000억원 이하에 머물렀다. 종류도 적었고 관심도 낮았던 결과다. 무엇보다 짜릿한 손맛을 자랑하는 액티브 관련자산이 시장을 장악하던 시기였다.

  하지만 상황은 곧 반전됐다. 불과 1년 정도 지난 2008년 8월 초 현재 설정규모는 4조원을 넘어섰다(이후 장세악화로 순자산총액은 다소 줄었다). 즉 2007년 6월~2008년 8월에 걸쳐 무려 560% 이상 급증한 셈이다. 특히 2008년 7월의 1개월간 무려 1조원의 신규자금이 ETF로 몰려들었다.

  이대로라면 14년 동안 1,300배나 급성장한 미국 ETF시장의 역사가 한국에서도 조만간 재현될 것이란 기대감이 높다. 시장(업

☑ ETF 개념 및 투자과정

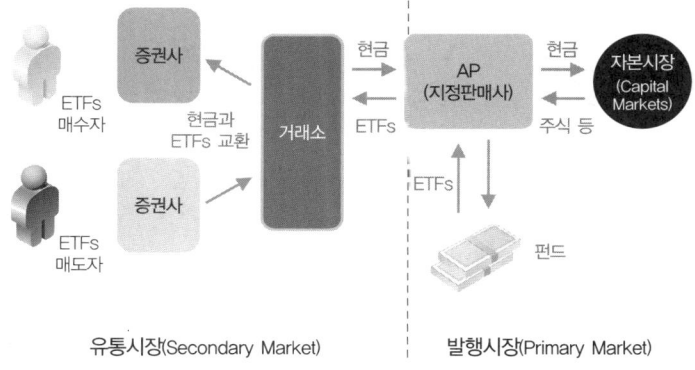

유통시장(Secondary Market)   발행시장(Primary Market)

• 자료 : 증권선물거래소

종) 대표지수에 대한 장기투자가 새로운 유력 패러다임으로 정착
될 수 있다는 조심스런 전망이다.

선택에 따른 결과는 일단 고무적이다. 저비용의 분산투자 효과
덕분에 단기결과임에도 불구, 짭짤한 수익률을 올려줬다. 2008년
2분기 동안 23개 ETF 중 15개가 시장(코스피)수익률인 -1.7%를 웃
도는 성과를 냈기 때문이다.

수익률 상위권 ETF는 하락장에도 불구하고 10%에 가까운 양
호한 성적을 거뒀다. 배당수익까지 감안하면 최종수익은 더 높아
진다. 물론 3분기 이후 장세급락에 따라 2분기 수익을 크게 밑도
는 성적을 거뒀지만, 그나마 다른 주식형펀드에 비하면 상당히
선방했다(수익률 1위 펀드도 ETF다). 즉 이는 인덱스 관련자산의
투자효과가 보다 극대화되는 장기투자라던 매력적인 수익을 안
겨줄 수 있다는 시그널로도 해석된다.

🖊 ●🖌 인덱스펀드 vs ETF '어떤 게 더 좋을까'

**시장평균 추종하는 건 기본 공통점 …
성과여부는 '결국엔 투자기간이 관건'**

인덱스펀드와 ETF 중 어떤 게 개인들에게 유리할까. 투자자라면 한 번쯤 고민해봄직한 문제다. 인덱스펀드와 ETF는 특정 주가지수에 따라 수익이 결정된다. 하지만 상품구성이나 매매방법은 다르다.

인덱스펀드의 경우 장이 끝난 후 종가기준 주가지수를 따르지만, ETF는 장중에도 주가지수처럼 움직이도록 설계됐다. 즉 ETF는 주식매매처럼 장중에도 펀드가격을 보고 매매할 수 있지만, 인덱스펀드는 폐장 후 당일종가 혹은 3거래일 후 기준가 등으로 매매가 이뤄진다. 공매도 역시 ETF는 가능해도 인덱스펀드는 불가능하다.

또 ETF는 현물로 펀드를 매매하는 반면 인덱스펀드는 현금거래만 가능하다. 따라서 ETF는 설정·환매 때 주식 매매비용이 없어 저비용 투자가 가능하다. 게다가 ETF는 순자산가치(NAV)나 주가지수, 거래가격 등이 실시간 공시돼 투명성이 높다.

장기투자자라면 ETF보다 오히려 인덱스펀드가 더 적합하다는 게 중론이다. 장기투자라면 펀드가격을 실시간으로 체크할 필요 자체가 없기 때문이다. 홀로 매매가 가능하다는 점은 거꾸로 전문가의 충분한 설명이나 조언을 듣기 어렵다는 한계로도 이해된다.

늘 그렇듯 ETF투자에도 조심할 게 있다. 무엇보다 감내할 수 있을 만큼만 투자하는 게 좋다. ETF는 기본적으로 지수의 출렁거림에 영향을 받을 수밖에 없다. 종합지수든 섹터지수든 하락장 땐 시장 하락률에 버금가는 손실발생이 불가피하다. 때문에 투자총액 중 일부분만 ETF에 투자해 폭락장에 대비할 필요가 있다.

주가나 지수예측은 신(神)조차 풀지 못한 숙제다. 섣부른 지수예측은 금물이며, 매수 땐 조금씩 나눠 사는(분할매수) 전략이 유리하다. 한꺼번에 투자하기보단 금액과 시간을 나누는 방식이 좋다.

결국 ETF도 펀드다. 운용사 능력이 수익률을 결정할 수밖에 없다. 실력이 검증된 운용사를 고르는 눈이 필요한 이유다. 실제로 똑같은 지수를 추종해도 운용사마다 수익률은 다르다. 편입종목 비중이나 시장조성 기능이 차별적이기 때문이다.

ETF에 대한 경계론도 만만찮다. 저렴한 비용과 편리한 거래방법이 오히려 초단기투자를 양산할 수 있다는 위기감이다. 게다가 숫자까지 늘어나면서 데이트레이더를 위한 상품으로 전락하는 것 아니냐는 비난이 거세다.

더욱이 단기투자라면 인덱스특유의 저비용효율은 떨어질 수밖에 없다. 갈아타기 등 잦은 환매는 직접 주식투자만큼 위험 노출도를 높인다. 정보가 부족한 개인투자자를 위해 고안된 상품임에도 불구, ETF의 범주와 종류가 확대되면서 전문성이 높아지고 있다는 점도 걸림돌이다. 아마추어 투자자들을 위한 또 다른 형태의 시장 진입 장벽으로 작용할 수 있기 때문이다.

펀드의 진화 '반짝 아이디어와 금융공학의 만남'

'Caveat Emptor(카비아트 엠터)'

내 탓이로소이다. 모두가 내 탓이다. 남 탓으로 돌려봤자 아무 소용없다. 2008년 9월 이후 월가를 필두로 한 글로벌증시가 예외 없이 패닉에 빠졌다. 역사는 이날을 21세기 첫 번째 '블랙먼데이'로 기록할 확률이 높아졌다.

월가에서 시작된 엄청난 금융쇼크는 각국증시에 직격탄을 날렸다. 전광판은 온통 시퍼렇게 멍들었다. 절대다수가 하한가를 찍었고, 길거리엔 비명소리만 남았다. 충격은 일파만파로 퍼지고 있다.

천문학적인 거금이 사라지는 데는 단 몇 시간이면 충분했다.

금융기관과 전문가에게 손실을 따져본들 답변은 '카비아트 엠터' 란 말뿐이다. 잃는다고 누굴 탓할 수 없다(구매자 위험부담)는 의미다. 앞에선 미안해해도 속내는 '그래봐야 네 탓' 으로 치부할 뿐이다.

이쯤에서 생각나는 불멸의 투자교훈이 있다. 속이는 사람보다 속는 사람이 더 바보라는 격언이다. 아파도 어쩔 수 없다. 이게 자산시장의 냉혹한 현실이다.

2008년 가을 세계 금융시장을 뒤흔든 월가의 '블랙먼데이' 는 여러 원인이 복합적으로 작용한 결과 발생했다. 반대로 딱 꼬집어 희생양(?)을 만들어 책임을 묻기엔 애대한 대형 금융재앙이다. 다들 사고를 일으킨 직접적인 주역은 아닐지언정 일정부분 월가 안팎에서 조연역할은 담당했기 때문이다 다만 어정쩡한 귀책사유에도 불구, 거슬러 올라가보면 명백한 배후세력(?)이 추적된다. 미안하지만, 바로 '금융공학자들' 이다.

금융공학(Financial Engineering)은 이번 사태의 유력한 진원지다. 월가나 학계나 사고주범으로 금융공학을 꼽는 데 이견은 없는 분위기다. 금융공학이 월가와 만나지 않았다면 사고발생 확률이 낮았을 것이며, 설사 문제가 생겼어도 지금과 달리 단발쇼크에 불과했을 것이란 이유에서다.

실제로 금융공학은 2000년대 이후 글로벌 자산버블을 부풀리는 데 결정적인 역할을 했다. 실체도 없는 유동성이 금융공학 덕분에 확대재생산을 반복하며 무분별하게 신용팽창으로 이어져 자산거품을 눈덩이처럼 키웠다는 얘기다.

금융공학이 현실에 적용된 건 90년대 초반이다. 학계로 따지

면 70년대 옵션가치 개발에 활용된 블랙숄즈방정식이 금융공학
의 효시다. 다만 금융과 공학의 본격 만남을 주선한 건 엉뚱하게
도 사회주의 체제몰락이다.

91년 구소련은 자본주의와의 체제대결에서 패배, 몰락의 길을
걷는다. 그런데 그 불똥이 스타워즈(Star Wars)에 관여한 미국 과
학자들에게 튀었다. 유력 경쟁자의 패퇴는 미국정부 입장에서 더
이상 체제유지 · 강화를 위해 예산을 쓸 필요가 없어졌음을 의미
해서다.

예산절감은 체제유지를 위해 고용된 과학자들의 대량해고로
이어졌다. 대표적인 게 'NASA'로 불리던 미국항공우주국 과학
자들이다. 구조조정 여파로 일자리를 잃은 과학자들은 새로운 직
장을 찾아 나섰다.

구조조정 NASA 공학자들 월가데뷔 후 '無에서 有 창조?'

날고 긴다는 실력의 고액연봉 과학자들이 유입될만한 곳은 적
잖았고, 월가도 그중 하나였다. 당시 금융시장은 자본의 자유 ·
국제화에 힘입어 일대 도약을 꿈꾸던 시절이었다. 이 결과 공학
과 금융의 이해관계는 정확히 일치했고, 90년대 중반 금융공학이
라는 새로운 영역을 개척해냈다.

금융공학은 하루가 달리 발전과 진화를 반복했다. 애초엔 축
복이었다. 전혀 어울릴 것 같지 않던 금융시장에 수학과 물리학
이 적용되면서 과거엔 없던 새로운 개념의 투자이론 · 모델이 속

속 소개됐기 때문이다. 나비효과, 퍼지이론 등 물리학이론은 물론 분산, 통계, 고차원방정식 등 수학공식까지 금융상품 설계에 총동원됐다.

결과물은 화려했다. 일례로 가격변동엔 분자운동처럼 일정한 패턴이 있는데, 과거통계를 활용하면 미래의 가격변동성을 예측할 수 있다는 모형은 혁신 그 자체였다. 박사급 공학자들이 월가에 흡수되면서 파생상품시장은 급성장했다. 동시에 국제금융시장을 넘나드는 유동성과 신용 역시 기하급수적으로 팽창했다. 헤지펀드도 전성기를 맞았다.

하지만 20년도 안 돼 축복은 재앙으로 둔갑했다. 국제자본을 쥐락펴락하던 거대 금융회사였던 리먼 브라더스와 메릴린치 등이 무너진 건 다름 아닌 금융공학의 부작용 탓이었다. 결과론적으로 봤을 때 금융공학의 탈선은 상당했다. 위험을 교묘하게 포장, 브레이크 없는 돈의 질주를 부추김으로써 몰락을 자초했기 때문이다.

월가에 둥지를 튼 공학자들은 현란한 분산기법을 통해 위험제로(0)에 도달할 수 있다는 맹신에 빠졌다. 여러 신종상품을 쪼개고 섞어 또 다른 상품을 만드는 '구조화증권'도 동시에 급증했다. 나름(?) 정교하다던 투자모델이 근거가 됐다. 90년대 이후 월가에 펼쳐진 도박판의 판돈규모가 급격히 커진 배경도 여기에 있다.

하지만 결국 오판이었다. 위험제로는 현실에 존재하지 않았다. 어떤 신형상품·투자모델도 완벽히 위험을 피할 수는 없었다. 자기오류에 빠진 착각에 불과했다. 외부환경도 버블붕괴를 재촉했다. 신용팽창을 부추긴 통화당국의 팽창정책(저금리)이

2000년대 이후의 버블확대에 한몫했기 때문이다.

2008년 9월 15일의 '블랙먼데이' 는 이처럼 복합적이었다. 버블은 필연적으로 꺼질 수밖에 없다는 자산시장의 절대원칙에 맞닥뜨린 월가의 천재들은 당황할 수밖에 없었다.

🌊 끝없는 금융쇼크 후폭풍 '거품 부추긴 금융공학'

우리의 관심사인 ETF도 실상은 금융공학 상품범주에 속하는 투자자산이다. ETF의 가격구조를 결정하는 원천자산인 인덱스펀드가 금융공학을 만나 한 단계 진화했기 때문이다. 인덱스펀드의 장기ㆍ분산ㆍ적립효과는 그대로 유지하면서 한계로 꼽혔던 환금성(거래편리성)과 저비용구조는 한층 개선시킨 게 ETF다. 즉 금융공학의 '적절한 활용' 으로 장점은 유지하되 단점은 줄였다.

적절한 활용이란 단어를 쓰는 데는 이유가 있다. 2008년 가을 금융쇼크를 야기했던 대부분의 신종 파생상품과 비교해 ETF는 스펙과 출발자체가 다르다. 비슷한 금융공학이 상품구조에 반영됐지만, 개입정도는 하늘과 땅 차이다. 광의의 개념에서 금융공학의 영향력을 받긴 했어도(특히 인덱스개발 때) ETF의 내부구조엔 복잡한 수학적 함수가 거의 적용돼 있지 않다(물론 최근의 신규 ETF 중 일부는 +α의 확대추구를 위해 위험을 수용, 공학기술에 의존하는 경우도 있다).

위험제로를 지향하는 까닭에 이론적으로 얽히고설킬 수밖에 없는 헤지펀드와는 정반대 위치에 서있는 자산이다. 구조상 무리수를 찾을 수 없는 단순한 형태의 초보적 금융공학이 일부 반영된 것에 불과하다.

이런 점에선 안전자산이란 말이 더 어울린다. 즉 ETF는 금융공학이란 가정에서 태어난 일종의 모범생이다. 치명적 유혹과 내재적 함정 탓에 필연적 탈선을 야기하는 파생·헤지펀드 등 액티브자산들과는 격이 다르다.

요컨대 ETF는 인덱스펀드다. 특정지수 움직임에 따라 수익률이 결정되도록 설계된 지수연동형 신종펀드다. 시장평균을 추종하다보니 기본적으로 보수성향이 강할 수밖에 없는 자산이다.

게다가 인덱스펀드와 다른 점도 있다. 인덱스펀드는 실물주식을 지수비중만큼 사들여 시장평균처럼 결과가 나오게끔 운용한다. 환매요청 땐 보유 중인 실물주식을 매도해야 한다. 불가피하게 시장변동성을 초래할 수밖에 없다. '환매요청 → 주식매각 → 지수하락 → 투자손실' 의 악순환이다.

ETF는 인덱스펀드의 이 단점을 보완했다. ETF는 실물주식이 아닌 특정지수를 기초자산으로 한다. 나름 기발한 아이디어다. 따라서 환매 때 실물주식을 내다팔 이유가 없다. 당연히 장세변동에 미칠 영향력이 없다.

여기에 ETF는 상시적인 매매기능까지 추가했다. 주식처럼 실시간 장중거래가 가능한 상품이다. 즉 펀드처럼 투자하고 주식처럼 거래할 수 있다는 얘기다. 직접투자와 간접투자의 경계상품이다.

ETF는 인덱스펀드보다 비교우위가 뚜렷하다. 구조는 인덱스펀드와 비슷한데 장점은 더 많다. 먼저 특정지수를 따른다는 점에서 분산효과는 인덱스펀드와 비슷하다. 둘 다 개별종목이 아닌 지수자체에 투자하기 때문이다.

적은 비용으로 해당지수에 속한 종목을 모두 가질 수 있다는 점에서 투자위험은 낮을 수밖에 없다. 일반펀드에 비해 분산효과가 탁월한 건 두말할 필요가 없다. 실제로 ETF의 경우 자산배분과 위험관리 차원에서의 유용성이 충분히 검증됐다.

하지만 환금성은 인덱스펀드보다 더 낫다. 펀드지만 주식처럼 상장돼 있어 실시간 조회·매매가 가능하다. HTS만 켜면 누구든 주식처럼 매매할 수 있다. 게다가 비용은 더 저렴하다. 주식매매 땐 0.3%의 세금(증권거래세)이 붙지만, ETF는 면제대상이다. 그만큼 비용을 아낄 수 있다. 한편에선 실시간 정보공개에 따라 투명성도 높다.

운용수수료도 싸다. 펀드인 ETF엔 운용수수료가 붙는다. 액티브펀드라면 매년 평균 약 2.12%(2008년 2월 기준) 안팎의 수수료를 내지만, ETF는 그 비율이 0.23~0.66%에 불과하다. 1~1.5% 정도인 인덱스펀드보다 낮다. 반면 바스켓(주식이 담긴 바구니)을 사기 때문에 보유종목이 배당하면 배당소득은 덤으로 챙길 수 있다.

⌒ 고객우선의 ETF '금융공학의 바람직한 진화 결과물'

생물은 진화한다. 시대환경에 꼭 맞는 종만 살아남는다. 적자생존이다. 신규상품이 숱하게 쏟아지는 자산시장도 마찬가지다. 까다로운 고객수요에 맞추고 시대와 환경변화에 어울리는 자산

개발을 위해 진화를 반복한다.

독특하고 기발한 아이디어가 최첨단 컴퓨터로 대표되는 금융공학과 랑데부함으로써 상품진화는 보다 가속화된다. 이번 금융쇼크처럼 부작용이 상당한 수준이지만, 위험·수익을 잘게 나눠 새로운 투자기회를 제공했다는 점에서 금융공학이 기여한 바도 분명 존재한다.

ETF 역시 그 탄생과 진화에 금융공학이 일정부분 기여한 건 사실이다. 최근 ETF업계의 화두로 떠오른 새로운 유형의 기초자산(인덱스) 개발에도 금융공학의 존재감은 분명 확인된다. 이는 앞으로도 마찬가지다. 목표(수익)를 위해 수단(ETF)과 방법(금융공학)이 힘을 합칠 것이기 때문이다. 위험은 낮으면서 수익은 높은 혁신자산의 갈구다.

언젠가부터 금융시장엔 퓨전상품이 대세로 정착됐다. 시장·상품의 경계를 허무는 대신 조건만 맞으견 섞고 비벼 또 다른 신형자산을 만들어내는 추세다. 공진화(共進化)를 목적으로 한 이합집산이다. 그만큼 상품개발의 유연성은 좋아진다.

투자자(금융소비자)는 본인입맛에 맞게 골라잡으면 된다. 이때 적자생존의 최소 기본조건이 고객가치의 충실한 반영이다. 현재적 유연성과 미래의 통찰력이 절묘하게 결합된 자산만 살아남을 수밖에 없다. 무에서 유를 만들듯 아이디어와 금융공학이 만나 신개념의 자산모델이 끊임없이 창출되는 배경도 여기에 있다.

하지만 과유불급이랬다. 월가의 금융쇼크에서 배울 수 있듯 실물기반 없는 과도한 금융공학적인 테크닉 도입은 허무한 결과를 야기할 수 있다.

☑ ETF와 경쟁상품 비교

특성	ETF	인덱스펀드	개별주식
분산투자	O	O	X
실시간 거래	O	X	O
레버리지효과(증거금 매입)	O	X	O
공매도	O	X	O
지수연동	O	O	X
저회전 따른 감세효과	O	가능	X
저비용비율	O	일부해당	해당사항 무
모든 증권사에서 거래	O	X	O

• 자료 : 〈인덱스펀드와 ETF의 현황 및 전망〉, 자산운용협회

이런 점에서 ETF의 등장과 인기몰이는 의미하는 바가 크다. 화끈한 감정적 자산보단 밋밋한 논리적 자산이 장기생존의 주류 모델이 될 수밖에 없어서다. 이 결과 안정성과 수익성을 겸비한 매력적인 투자자산이란 입소문이 빠르게 돌고 있다.

아이러니컬하지만 어쩌면 미국식 자본주의의 한계이자 거품 붕괴의 장본인으로 지목받은 금융공학의 난센스를 해결할 실마리도 ETF에서 찾을 수 있다. 속이 텅 빈 머니게임을 건실한 투자무대로 승격시킬 수 있기 때문이다.

ETF는 그래서 명품자산이 될 충분한 조건과 환경을 갖췄다. ETF의 필연적인 성장을 계기로 건전한 투자문화가 정착되면 '카비아트 엠터'를 읊조릴 일도, 고객항의가 빗발칠 일도 없다. 이때 금융공학은 부작용이 아닌 선순환 고리의 중요한 주체가 될 수 있다.

금융공학과 신용재앙 부메랑

폭탄 돌린 금융공학의 허점···
30년 시장우선 자본주의모델의 붕괴신호?

신용팽창은 금융·실물시장 활황 땐 모두에게 이익을 안겨준다. 하지만 거시환경이 불황기조에 접어들면 그야말로 '폭탄 돌리기'에 다름 아니다. 중간에 돈이 잠깐이라도 멈춰서면 연쇄부도가 불가피해진다. 금융공학의 허점은 여기에 있다. 부동산(서브프라임모기지 부실사태)에서 촉발된 돈 잔치가 결국 영역을 넘고 넘어 금융·실물시장 전체를 암흑천지로 뒤덮는 신용재앙의 부메랑으로 되돌아온 것이다. 즉 위험을 다음 상품에 전가했을 뿐 없애지는 못했다는 얘기다.

이번 월가쇼크로 금융공학의 신화는 심각히 훼손됐다. 투자은행들이 황금알을 낳는 거위라며 대놓고 자랑하던 수익모델이 붕괴됐다는 분석까지 힘을 얻는다. 그만큼 치명적인 불명예를 피할 수 없게 됐다. 문제는 금융공학이 내포한 부작용의 끝을 알 수 없다는 점이다. 현재 기준 파생상품 규모만 50조달러를 웃돈다.

그나마 정확한 수치는 베일에 가려있어 아슬아슬하다. 금융공학이 반영된 상품의 운용구조란 게 그만큼 복잡하고 난해하다. 소 잃고 외양간 고친 격이 된 각국의 금융당국이 뒤늦게나마 사상 최고액에 달하는 구제의 손길을 폄으로써 위기확산은 일단락됐지만, 이번 재앙은 금융공학의 진실과 면면을 제대로 알게 해준 중요한 계기가 된 것으로 평가받는다.

상품구조 분석
'부인할 수 없는 ETF의 매력'

　"죽을 맛이죠. 이제 펀드는 힘들지 않겠어요? 그나마 당분간이면 좋겠는데…. 워낙 투자심리가 꺾였잖아요. 다신 펀드 붐을 만나기 어려울지 모르죠. 펀드운용과 관련된 내부메커니즘이 꽤 많이 알려져 배신감을 느끼는 사람들도 많아졌고요. 업계도 반성해야겠죠. 중국펀드처럼 잘 포장된 상품이 새로 나와 분위기 전환이 되면 좋겠지만…. 요즘 인덱스나 ETF가 뜨던데, 이런 게 새로운 조류가 될 수는 있겠네요. 그게 한국에 먹힐지는 몰라도 결국 인덱스 쪽이 낫긴 낫잖아요."

　얼마 전 만난 친한 펀드매니저가 술자리에서 털어놓은 속내다. 월가에서 터진 금융쇼크가 그렇잖아도 울고 싶은 한국 펀드

업계에 매섭게 한방을 먹인 후의 단낭에서다. 그는 펀드업계의 분위기를 침울하게 전했다. 열기가 뜨거웠던 만큼 반락 후의 외면과 질타가 차갑고 따가웠기 때문이다.

더욱이 전문가가 아니면 알기 어려운 펀드상품의 치명적인 한계와 감춰진 진실까지 속속 밝혀지면서 업계는 이중삼중의 어려움에 직면했다. 찬사 속에 떠받들어지던 투자영웅은 순식간에 찬밥신세로 전락했다. 투자자들도 실수와 오판을 깨달았지만, 되돌리기엔 너무 늦은 경우가 속출했다. 몇몇의 불완전판매 케이스는 법정분쟁으로까지 비화됐다. 탐욕의 끝에 찾아온 공포가 낳은 비극적 풍경이다.

영웅의 배신 '명품자산에서 투자진실 배워라!'

하지만 위기가 곧 기회다. 이번의 투자시련기는 올바른 투자를 위해 극복해야 할 일종의 도약대다. 이보전진을 위한 일보후퇴다. 지금까지의 잘못된 투자관행으로부터 단절된 새로운 미래지향적 투자관을 수립하는 분기점으로 활용하는 게 타당하다. 그 첫 단추가 '덜 알려졌지만 명품일 수밖에 없는 유망자산'에 대한 이해다.

ETF는 감춰진 보물이다. 역사가 짧고 상품숫자가 적어 아직은 일부 시장선구자들만 관심을 갖는 '그들만의 자산'이다. 투자자들의 반응도 뜨뜻미지근하다. 펀드광풍을 야기했던 호황장세가 마무리되면서 차선책 혹은 잠깐투자처(불황기 유망자산)로 거론

되는 정도다. 여전히 화끈한 대박환상과 기억을 갖고 있는 투자자가 그만큼 많다. '스릴이 없는 건 투자가치가 없다'는 투로 이해하는 한국특유의 냄비근성도 문제다.

하지만 ETF가 펀드시장을 장악할 날이 머잖다. ETF의 매력이 하루가 달리 입소문을 타고 퍼지고 있어서다. 인덱스펀드가 자랑하는 '저비용·고효율'의 단순한 필승구조를 올곧이 전승받아 장기·분산·정기투자의 효과를 극대화할 수 있다는 장점이 대표적이다.

게다가 인덱스펀드보다 기능과 구조를 한층 강화해 비용절감에 이어 거래편의성까지 고객눈높이 수준으로 낮추는 데 성공했다. 한마디로 명품자산 ETF는 거부할 수 없는 투자메리트를 골고루 가진 몇 안 되는 알짜상품이다.

금융쇼크 이후 글로벌 자산시장은 '투자의 기본'에 눈을 돌리기 시작했다. 금융공학의 부작용이 한껏 부풀어져 버블붕괴와 시장패닉을 야기한 것에 대한 반성이다. 아마도 반성문의 끝자락은 투자정석에 충실한 명품자산에 대한 새로운 발견일 터다. ETF 등 인덱스 관련상품이 가져오는 수동적 투자의 놀라운 반전스토리에 대한 주목이다.

시장정화와 경쟁격화는 새로운 영웅을 요구한다. 이를 반영하듯 인덱스펀드의 기본 작동논리가 확산되며 비용을 줄이고 고객만족도는 높인 신규상품이 쏟아지는 추세다. 잘만 조합하면 인덱스펀드 고유장점인 저비용은 유지하면서 기대수익은 높일 수 있는 상품을 가질 수 있다는 기대감이 높다. 나날이 새롭게 변신을 반복하는 ETF의 출현과 인기몰이는 그 결과물이다.

지금부터 부인할 수 없는 ETF의 매력을 구체적으로 살펴보자. 어떤 점이 과연 ETF를 부각시키는 유력한 투자 포인트일까. 한마디로 ETF는 주식(직접)투자와 펀드(간접)투자가 절반씩 섞인 자산이다. 직접투자보다 위험은 낮추면서 펀드보다 수수료는 적고 거래는 편하게 만들어진 아이디어 상품이다. 가격은 지수변동에 따라 결정된다. 지수의 등락비율만큼 가격도 변한다. 해당지수가 해당 ETF의 가격(지수×상품별 가격배율)이다.

● 분산효과 '소액으로 시장은 사고 위험은 팔고'

ETF는 인덱스펀드가 그 원조다. 인덱스펀드는 시장·업종·스타일 등 특정성격에 따라 주식그룹을 구분한 뒤 그 바스켓의 평균움직임에 투자하는 상품이다. 즉 인덱스 자체의 움직임에 투자한다.

따라서 특정성격으로 묶여진 주식전체를 매입·보유함으로써 철저한 분산효과를 기대할 수 있다. ETF는 이 인덱스를 성격별로 구분해 각각 상장시켜 주식처럼 실시간 거래가 가능하도록 유도한 상품이다. ETF는 특정 인덱스(주가지수)에 포함된 종목으로 이뤄진 주식바스켓을 세분화한 일종의 증서다.

가령 KOSPI200지수를 추종하는 ETF라면 단 1주만 사도 한국 증시의 대표우량주 200종목에 돈을 쪼개 투자하는 것과 비슷한 효과가 창출된다. 일부회사의 실적이 악화돼도 투자위험이 별로 없다는 뜻이다. 바스켓에 속하는 다른 회사실적이 일부 하락충격을 흡수하기 때문이다.

분산투자에 의한 위험분산 효과 덕분이다. 말 그대로 시장을 다산(시장평균) 결과다. 게다가 단 1주를 살 수 있는 소액자금만으로 시장전체에 분산투자하는 효과도 누릴 수 있다. 일정액을 매월 투자(정액분할매매)하면 정기투자의 기대효과까지 상승시킨다.

● 저비용 구조 '현존펀드 중 최저수준 거래비용'

ETF의 돋보이는 장점 중 하나가 저비용 구조다. 사실 인덱스펀드의 가장 큰 메리트가 저비용인데, ETF 투자 땐 이것보다 비용구조가 더 절감된다. ETF는 거래·관리(회계)비용이 극히 낮다. 펀드매니저의 개입이 거의 없다는 점에서 운용보수가 저렴하다.

즉 투자자가 직접 ETF를 매매하기 때문에 위탁매매수수료가 없을 뿐 아니라 일반펀드에 비해 콜센터 등 운용비용도 절약된다. 또 매매 때 붙는 0.3%의 증권거래세도 없다. 투자자들을 배신에 떨게 하는 환매수수료도 붙지 않는다. 보통의 경우 환매신청일 기준 직전 3개월 수익의 70%를 환매수수료로 매겨 원성이 높지만, ETF는 예외다.

요컨대 ETF 투자 때의 투자비용은 통상 0.5% 안팎이다. 낮은 건 0.23%의 저렴한 ETF도 있다. 일반적인 액티브펀드는 물론 인덱스펀드와 비교해도 상당히 싸다. 평균비용을 예로 보자. 2008년 2월 액티브펀드의 연간 총비용은 약 2.12%다. 인덱스펀드는 그 절반 가량인 1%대 중반이다. 따라서 0.5%대라면 3.39%의 인사이트펀드나 통상 3~5%대의 해외펀드에 비해 아주 낮다. 투자자입장에선 부담을 한결 덜 수 있다.

특히 온라인 인덱스펀드의 경우 ETF처럼 0.5%대로 더 낮게 비용을 물리기도 하지만, 아직은 극소수에 불과하다. 거의 찾을 수 없다는 얘기다. 결국 ETF는 펀드 중 최저비용 상품이라 해도 과언이 아니다.

다만 저비용 구조의 약점도 있다. 뒤에서 자세히 알아보겠지만, 낮은 거래비용이 잦은 ETF 교체매매를 부추길 수 있다는 딜레마다. 단타 조장이다. 따라서 매매수수료가 부담스럽지 않다는 걸 악용(?)해 주식매매 때처럼 ETF를 자주 사고팔면 오히려 수수료 부담은 더 늘어날 수 있다.

● 고수익 기대 '덜 떼고 더 오르니 수익규모↑'

비싸다고 다 좋진 않겠지만, 싼 건 비지떡일 확률이 높다. 자산시장도 예외는 아니다. 하지만 이 판단이 100% 옳지는 않다. 싼 것 중에도 괜찮은 수익을 올려주는 짭짤한 상품이 적잖다.

사실은 이렇게 저평가된 걸 잘 취사선택해 장기 보유전략을 거쳐 차익을 거두는 게 가치투자의 기본개념이기도 하다. 판단기준이 가격대비라면 더 그렇다. 싼 값에 사거나 거래해 그 이상의 가격에 팔 수 있다면 투자효율의 극대화도 얼마든 가능하다.

ETF도 마찬가지다. 인덱스펀드처럼 ETF의 기대수익률도 비교적 높다. 출발자체가 저비용구조로 지수상승폭이 적다해도 매년 누적된 비용절감 덕분에 결과적으론 상당한 수익축적이 가능해진다. 적(敵)으로 간주되는 비용위협이 낮으니 승전규모가 커지는 건 당연하다.

게다가 장기성과로 봤을 때 표준편차에서의 이탈정도가 큰 액티브펀드보다 작지만 꾸준히 수익을 쌓는 인덱스자산이 유리하다는 검증결과도 많다. ETF도 인덱스자산이니 기대할 수 있는 장기성과가 높을 수밖에 없다.

ETF의 운용구조를 활용한 수익극대화도 가능하다. 일반적인 액티브펀드는 물론 인덱스펀드만 해도 100% 주식보유는 사실상 불가능하다. 환매요구에 대응하려면 일상적인 현금성자산 보유가 필수다.

하지만 ETF엔 이런 제한요소가 없다. 환매가 없기 때문이다. 투자자의 발행이나 환매요구는 시장거래를 통해 해결할 수 있어 회전율을 낮게 유지할 수 있다. 따라서 투자금액을 최대한 키워 종자돈 자체를 늘리는 게 가능하다.

절세효과도 빼놓을 수 없다. 덜 떼이면 더 챙기게 돼 있다. 보통의 펀드라면 환매 때 보유 중인 유가증권을 팔아 자본이득을 실현해야 한다. 하지만 ETF는 그럴 필요가 없어 궁극적으로 세금 감면 효과를 누릴 수 있다.

또 포트폴리오 교체가 빈번하지 않아 자본이익의 과세부담도 상대적으로 낮다. 실제로 해외에선 ETF 투자목적 중 1순위가 절세효과다. 자본차익분에 과세하는 미국의 경우 절세목적으로 ETF를 선호하는 투자자가 급증하는 추세다.

● 배당 수익성 '주주가치 우선 따라 배당성향 개선'

주식투자의 기대효과는 시세차익과 배당수익이다. 대부분 '매수가격－매도가격'의 시세차익에 포커스를 맞추지만, 투자목적 자체를 배당수익에 두는 경우도 적잖다. 시세차익의 경우 수익과 위험이 정비례하기 때문에 실패확률도 상존해서다.

하지만 배당수익이라면 얘기가 다르다. 배당을 줄만큼 사업내용이 건실하다면 대부분 우량주인 까닭에 비교적 안전한 투자가 가능하다. 여기에 덤으로 시세차익까지 노릴 수 있어 고무적이다. 최근 미국식 자본주의의 영향을 받아 주주가치 우선주의 경영방침이 퍼지면서 배당투자의 매력은 한층 높아졌다.

ETF 투자로도 배당금을 받을 수 있다. 주식바스켓이지만 개별주식처럼 지수등락에 따른 시세차익 외에 배당을 기대할 수 있어서다. 다만 ETF 배당은 주식배당과 성격이 달라 '투자분배금' 으로 불린다.

분배금은 ETF가 보유한 현물주식에서 나오는 배당금과 보유 현물주식을 빌려준 대가로 받는 대차거래 수수료, 벤치마크 대비 초과운용 수익 등으로 구성된다. 특히 보유주식에서 받는 배당이 분배금 중 70% 가량 이상이다. 최근 ETF 중 분배금을 지급하는 케이스도 늘고 있다. KOSPI200 등 특정지수를 추종해 수익을 얻는 ETF는 원칙적으로 매년 4차례(2월, 5월, 8월, 11월) 분배금을 지급받는다.

● 운용 투명성 '매일 공개되는 알기 쉬운 가격변동'

주식시장엔 사실 꼼수가 적잖다. 안타깝지만 현실이다. 공개시장이지만 워낙 플레이어들이 다양해 세력이니 작전이니 하는 말이 낯설잖다. 막대한 자금력과 고급 정보력을 가진 몇몇 선수들이 같은 배에 타면 불특정다수를 쥐락펴락하긴 그다지 어렵잖다.

실제로 시세조정 혐의로 기소되는 케이스는 잊을만하면 보도된다. 직접투자는 말할 것도 없고, 펀드운용 때도 은밀한 기법을 동원해 사리사욕을 챙기며 시장을 혼란케 하는 경우가 왕왕 있다. 즉 대리인(Agency)문제의 발생이다.

하지만 ETF라면 이 문제에서 어느 정도 벗어날 수 있다. 대리인의 개입여지가 근본적으로 적기 때문이다. 성격별로 구분된 다수의 주식그룹에 투자하는 ETF는 개별주식의 변동영향으로부터 꽤 자유롭다. 단기매매 등을 노린 차익매매를 기대하기 어렵다. 또 펀드매니저의 사적판단 없이 투자자 본인이 직접 매매하기 때문에 실제매매 때도 대리인문제는 그다지 발생하지 않는다. 이는 ETF 특유의 투명한 운용방식이다.

따라서 투자판단이 비교적 쉽다. 펀드를 고르기도 용이하다. 일반적인 액티브펀드라면 수익률 편차가 심할 수밖에 없고, 그게 또 당연하다. 때문에 일반인이 우량펀드를 골라낸다는 건 상당히 어렵다. 하지만 ETF라면 연간수익률 편차가 낮아 고민할 필요가 상대적으로 없다.

뭘 골라잡아도 상관없다는 의미는 아니지만, 액티브펀드에 비하면 펀드선택의 어려움이 적은 게 사실이다. ETF 가격이 대상지수의 움직임을 충실히 반영할 뿐 아니라 보유 중인 현물 주식바스켓 내역과 순자산가치를 매일 공표해 투명성이 높기 때문이다. 그만큼 가격움직임을 쉽게 알 수 있다. ETF투자자는 주도면밀한 정보·분석력 없이 해당지수 움직임만 체크하면 충분하다.

● 접근 편리성 '장만 열려있으면 실시간 즉시매매'

30년 역사를 배경으로 놀라운 투자스토리를 써가고 있는 인덱스펀드는, 그러나 아쉬운 점도 없잖다. 단기성향이 강한 한국투자들에게 장기투자 때 빛을 발하는 인덱스펀드의 한계는 둘째 치고, 여전히 실제적인 거래비용이 대부분 1%대인 데다(1% 이하의 인덱스펀드가 있긴 하지만 꽤 제한적이고 숫자도 적다) 한번 가입하면 환매가 쉽잖다는 점 등이 걸림돌로 작용한다. 즉 잘못 골랐다면 기대효과를 누리기 힘들어진다.

ETF는 비록 완벽한 상품은 아닐지언정 인덱스펀드의 이런 약점들을 개선시키려는 노력이 일정부분 반영된 자산이다. 일단 거래비용이 0.5% 안팎(0.23~0.66%)으로 싸다. 중간에서 비용을 받아가는 이해관계자들을 최대한 배제시킨 결과다.

게다가 주식처럼 편리한 매매기능을 더했다. 기존 주식계좌(HTS)를 이용해 거래할 수 있고, 개장시간엔 언제 어디서든 그때그때 사고팔 수 있게 됐다. 순간의 선택이 평생을 좌우하지 못하게끔(?) 실시간 매매기능을 더한 것이다. 상품접근이 한층 쉬워진 셈이다. 동시에 개별주식 거래 때처럼 매매와 함께 즉시 가격이 확정되고, 매도 후 2일 뒤에 투자금액이 입금돼 환금성도 매우 뛰어나다.

☑ 개인투자자가 ETF에 투자하는 이유

ETF 보유목적	비중
세금관리(Tax Swap for loss harvesting)	55%
낮은 비용의 펀드구조	46%
분산투자	39%
시장전체에 대한 투자	37%
섹터 및 인덱스 매매	35%
실시간 거래	26%

• 자료 : 〈인덱스펀드와 ETF의 현황 및 전망〉, 자산운용협회 재인용(중복응답 가능)

✦●✎✐ 시장을 사는 게 최선인 이유

월가의 고수익 모델개발 산물…
'시장을 이기려면 시장을 사라'

월가의 최대고민은 주가예측이다. 미래주가만 맞출 수 있다면 투자
활동의 최후목적인 고수익이 가능하기 때문이다. 하지만 이 문제는
증시역사 200년 동안 아무도 풀지 못한 딜레마다. 많은 이들이 주
가예측을 위해 많은 애를 써봤지만, 이 딜레마는 난공불락처럼 미
동조차 없다.

주가예측을 둘러싼 갑론을박은 여전히 현재진행형이다. 더불어 온갖
고급정보와 최첨단거래시스템을 보유한 펀드매니저들의 투자성과가
왜 대부분 시장평균을 넘지 못할까라는 문제와도 직결되는 이슈다. 특
히 시간이 갈수록 평균이하의 수익률만 내놓는 절대다수 액티브펀드의
존재감에 근원적 의문마저 생기게 한다. 몇몇 펀드는 언론의 집중조명
을 받으며 시장평균을 이기긴 하지만, 대부분 잠깐의 영광에 머문다.

그렇다면 시장평균을 이길 수 있는 방법은 없을까. 아쉽게도 없다.
많은 연구자들이 오랫동안 비법을 찾고자 해봤지만, 결과는 '글쎄'
다. 대신 시장평균을 이길 수 있는 모델개발을 위한 발상의 전환은
이뤄냈다. 바로 인덱스펀드다. 즉 시장전체를 사는 게 결과적으로
시장평균에 가장 근접할 수 있는 방법이며, 여기에 시간의 힘(장기
투자)이 합쳐질 때 비로소 시장수익률을 이길 수 있다는 얘기다.

일례로 90년 노벨경제학상을 받은 윌리엄 샤프는 인덱스펀드의 실
력을 검증했다. 그가 실증연구를 해보니 인덱스펀드의 경쟁·설명
력은 대단히 높은 것으로 나타났다. 주식형펀드의 경우 시장평균
이상의 위험을 받아들일 때 비로소 시장평균 이상의 수익도 가능
하다는 점에서 그럴 바에야 시장평균만큼 기대하되 위험이 적은

쪽을 택하는 게 낫다는 판단이다.

이후 비슷한 실증분석을 한 연구자들의 결과도 마찬가지였다. 랜덤 워크 이론이나 EMH 가설이 그렇다. 이들 이론은 ETF 탄생에 크게 기여했다.

▶ 랜덤워크 이론 = 73년 『Random Walk Down Wall street』란 책이 출간됐다. 저자는 버튼 말키엘(Burton Malkiel)이다. 이 책은 주가변화란 과거흐름이나 특정패턴에 제약을 받지 않고 독립적으로 움직인다는 가설을 소개했다. 과거·현재·미래의 주가란 상호 독립적으로 움직인다는 게 요지다. 즉 과거자료로 주가예측을 시도하는 기술적 분석에 정면으로 도전한 것이다. 저자는 주가란 만취한 사람이 가로등 불빛 아래에서 걷는 것처럼 도저히 예측할 수 없다고 비유했다. 주가예측의 무용론을 거론할 때 빠지지 않는 근거가 이 랜덤워크 이론이다. 따라서 그럴 바에야 펀드매니저를 믿느니 인덱스펀드처럼 시장지수를 추종하는 편이 낫다는 결론이다.

▶ 효율적 시장가설(EMH) = 시카고대학 유진 파머(Eugene Fama) 교수가 60년대 박사논문에서 주장한 이론이다. 그는 많은 정보로 무장한 지적인 투자자들이 참가하는 역동적 시장에서 주가는 가용 가능한 모든 정보를 정확히 반영할 것으로 봤다. 이렇게 되면 미래 주가를 예측하는 것 자체가 의미 없다. 미래정보마저 현재주가에 충분히 반영돼 있기 때문이다.

다만 미래예측이 불필요하다는 점에서 '랜덤워크' 이론과 맥이 닿는다. 그는 "시장은 누구도 예측할 수 없다"며 "따라서 일부 주식에 집중 투자하는 적극적 방식보다 전체주식을 사는 수동적 방식이 더 낫다"고 말했다. 랜덤워크 이론이 소개된 지 정확히 3년 후 76년 인덱스펀드가 처음으로 소개됐다.

투자메리트 '개별종목 <액티브 < 인덱스 < ETF'

'There is no Free Lunch'

언젠가부터 자산시장의 절대원칙처럼 회자되는 경구다. 전적으로 옳다. 어디든 마찬가지겠지만, 자산시장에서야말로 공짜점심은 없다. 느닷없이 굴러들어온 떡 같지만, 반드시 대가를 치러야 하는 게 돈 버는 현장의 기본원리다.

타이밍과 관련해 운칠기삼(運七技三)이나 소 뒷걸음에 쥐 잡듯 운 좋게 저점매수·고점매도가 이뤄지지만, 이는 실제로 보기 드문 경우다. 대부분 정반대의 뒷북치기에 더 익숙한 게 현실이다.

투자자산을 고를 때도 공짜점심은 없다. 만인에게 골고루 수익을 안겨주는 자산은 애초부터 존재하지 않는다. 현실적으로 보면 누군가 벌면 누군가 잃는 일종의 제로섬 게임이 펼쳐질 뿐이다. 물론 대세상승장에 올라타 장기보유를 한다면 다 같이 수익을 내는 '플러스섬'이 가능할 수도 있다.

하지만 이는 설명력이 떨어지는 이론적 가정에 불과하다. 시장엔 눈앞의 이익을 그때그때 실현하려는 개인적 차원의 합리적(?) 투자자가 늘 존재하기 때문이다. 이런 점에서 자산시장은 차라리 돈 놓고 돈 먹기의 투기성향이 지배하는 가장 인간적이고 욕망추구적인 무대다.

⌁ 자산시장 불변원칙 '위험＝수익 … 은밀한 유혹은 쪽박

헛된 욕망을 꾸면 곤란하다. 강조컨대 공짜점심은 없다. 위험이 없는 고수익상품이란 애초부터 존재하지 않는다. 모든 투자자산이란 위험과 수익의 조합결과에 따라 성격이 규정된다. 위험과 수익은 같은 배를 탄 일심동체다. 위험을 진만큼 수익을 더 챙겨가는 게 당연하다. 반대구조는 존재할 수 없다.

다만 최신의 금융기법을 통해 위험은 최대한 컨트롤해 원금보장이 가능하도록 하면서 +α를 추구토록 하는 신형자산이 출시되고 있긴 하다. ELS(주가연계증권)처럼 확정이자 자산에 잔고의 95% 가량을 넣고, 나머지 5%로 대박을 추구하는 식이 대표적이다. 하지만 이것 역시 여러 전제조건이 붙는 게 사실이다. 그만큼 완벽한 상품설계는 어렵거나 혹은 불가능한 과제다.

이런 점에서 자산에 자신을 맞추는 것보다 본인에게 자산을 결합시키는 게 유효하다. 상품선택의 주도권을 투자자 본인이 쥐란 의미다. 즉 몸에 맞는 투자의 실현이다. 본인의 투자스타일·자금성격 등을 감안해 어울리는 상품만 취사선택하라는 얘기다.

아무리 비싸고 훌륭한 명품 옷이라도 몸에 맞지 않으면 무용지물이다. 자신의 몸에 딱 맞는 맞춤옷이 훨씬 어울리고 편하다. 그래야 스트레스가 없고 포트폴리오도 굳건히 버터낼 수 있다. 투자자산을 욕할 필요도 없다. 성격이 맞는 부부가 해로하는 법이다.

위험 금융자산만 놓고 봤을 때 상품종류는 크게 3종류로 나뉠 수 있다. 위험성이 높은 자산부터 나열하면 개별종목에 대한 직접투자, 특정주식 편입비중이 높은 액티브펀드, 시장지수를 추종하는 인덱스펀드 등이 있다.

안정성은 역순이다. 개별주식과 액티브펀드는 분산효과가 없거나 낮은 만큼 시장위험과 개별위험을 모두 안고 있다. 대신 기대수익이 높다. 인덱스펀드는 분산효과가 높으며 위험은 시장위험뿐이다. 또 펀드는 간접상품이라 판매·운용보수(수수료)가 붙지만, 인덱스펀드는 비용요소가 아주 낮다. 다만 인덱스펀드는 실시간거래가 불가능해 호흡이 길고 유동성 확보가 어렵다는 단점이 있다.

현실적으로 봤을 때 아마추어 투자자들에겐 인덱스펀드만한 대안이 별로 없다. 액티브펀드처럼 변동성은 낮지만 안정적인 행보 안에 성공함수가 녹아 있다. 인덱스펀드는 특유의 간단·명료한 운용구조만으로 확실한 수익모델을 증명해냈다.

개인투자자라면 꼭 채택해야 할 장기·분산·적립투자의 삼박자를 두루 갖췄다. 누구든 '장기·지속적인 투자'만 전제되면 비용대비 고수익 꿈을 실현할 수 있다. "인덱스펀드에 주기적으로 투자하면 초보라도 전문가 대부분을 이길 수 있다"던 오마하의 현인 워렌 버핏의 말을 귀담아들을 필요가 있다.

장기·분산·적립이 최선 '저위험·고수익 상품은 없다'

하지만 이는 이론일 뿐이다. 이론과 현실은 다르다. 인덱스펀드가 좋다는 건 알아도 행동으로 실천하는 건 별개의 문제다. 아무나 인덱스펀드로 돈 벌기는 힘들다는 얘기다. 인덱스펀드 투자가 말처럼 쉽지 않아서다.

특히 한국투자자들처럼 호흡이 가파르고 냄비근성에 기인한 군중심리가 센 경우 인덱스펀드는 기본적으로 채택이 불가능하다. 투자는 할 수 있을지언정 과실을 딸 때까지 계속해 버텨내기가 힘들어서다. 그만큼 한국의 장기·분산·적립투자 문화는 개선의 여지가 많은 게 현실이다.

ETF가 주목을 받는 이유도 여기에 있다. 인덱스펀드의 어쩔 수 없는(?) 한계를 ETF가 상당부분 보완, 업그레이드시켰기 때문이다. 장점은 살리면서 단점을 극복했으니 투자자들의 관심이 늘어나는 건 당연한 결과다. 투자자의 눈높이와 자산성격을 맞추는 건 그만큼 결정적인 변수다.

대표적인 개선결과가 실시간 매매수단으로서의 진화다. 한번 가입하면 장기간 보유해야 하는 묵직한 인덱스펀드가 개별주식

매매방식처럼 원할 때 언제든 손바꿈이 가능하도록 가볍게 변신한 게 ETF다.

덩달아 유동성 확보도 쉬워졌다. ETF는 실시간으로 순자산가치(NAV)가 제공된다. 순자산가치가 지수에 연동돼 움직여 한층 정확한 가격정보를 얻을 수 있다. 즉 시장가격은 순자산가치에 근접해 거래된다.

반면 인덱스펀드는 폐장시점인 오후 3시를 기점으로 매매가격이 달라진다. 3시 이전에 가입하면 당일종가가 반영된 기준가로 가입돼 장중에 원하는 가격에 가입할 수 없다. 환매 때도 마찬가지다. 오후 3시 이전에 환매신청을 하면 다음날 종가로 적용, 만 하루의 가격변동 리스크를 고스란히 떠안아야 한다. 환매신청 후 다음 날 주가가 꺾이면 손실이 불가피한 것이다.

ETF의 역동성 '밋밋한 인덱스의 실시간 거래로 실현'

하지만 ETF는 원할 때 실시간 매매가 가능하다. 매매와 동시에 즉시 가격이 확정되고 매도 후 2일 뒤에 투자금액이 입금된다. 개별주식 거래 때와 똑같다. 그러면서도 기대수익은 동일성격의 인덱스펀드와 같다.

한편 비용은 더 깎아내렸다. 이는 앞에서도 몇 번 강조했다. 특히 인덱스펀드가 특유의 저렴한 비용체계를 내세워 강조하지만, 뜯어보면 실상은 그렇지 않은 경우도 많다. 현재 시판 중인 인덱스펀드의 상당수는 무늬만 인덱스펀드인 게 적잖다. 오프라인은 물론 온라인으로 가입해도 판매수수료를 부과하는 경우가 적잖은 데다 심할 경우 온·오프라인 모두 동일한 판매수수료를 떼는 '말도 안 되는' 인덱스펀드도 있다. 더불어 ETF의 경우 주식매도 때 내는 증권거래세(0.3%)도 면제다.

인덱스펀드처럼 ETF를 통해 적립식 효과도 그대로 누릴 수 있다. 본인이 정한 특정일에 특정액수만큼 ETF를 사면 인덱스펀드처럼 동일한 투자효과가 실현된다. 개별투자자가 적립식의 수고만 받아들인다면 ETF로 최저비용의 인덱스펀드를 보유할 수 있는 셈이다.

특히 지수가 대폭 하락했다면 추가로 더 매입하는 등의 탄력적인 접근을 통해 투자자 본인이 직접 인덱스펀드를 운용하는 재미까지 맛볼 수 있다. 그러면서도 앞의 설명처럼 비용부담은 인덱스펀드보다 대폭 낮출 수 있다.

☑ 주요 투자자산별 메리트 비교

	개별주식	액티브펀드	인덱스펀드	ETF
분산효과	No	No	Yes	Yes
종목선택	투자자	펀드매니저	인덱스	인덱스
유동성	높음	하루 한 번	하루 한 번	높음
보수	없음	높음	낮음	매우 낮음
거래수수료	Yes	가끔	가끔	Yes
세금	거래세(0.3%)	–	–	거래세 면제
투명성	높음	보통	보통	높음
위험	시장/개별종목위험	시장/개별종목위험	시장위험	시장위험

• 자료 : 우리CS자산운용

그렇다고 ETF가 최고의 명품자산은 아니다. 명품반열에 확고부동하게 안착하자면 ETF에도 개선돼야 할 아쉬운 점이 적잖아서다. 장기투자일 때 빛을 발하는 인덱스펀드를 기초로 했음에도 불구, 실시간매매를 쉽게 해 결국 단기투자를 부추긴다는 딜레마가 대표적이다. 이땐 개별종목이나 액티브펀드에 비해 기대수익 자체가 떨어질 수밖에 없다. 그렇잖아도 굼뜬 지수추종 상품을 단기간에 사고팔면 수수료만 눈덩이처럼 불어나게 된다. 우려되는 역효과다.

모든 투자자산엔 상품성격에 따라 나름의 존재이유가 있다. 따라서 ETF 편입전략도 '모 아니면 도' 식의 쏠림투자보단 균형감이 먼저다. 투자효과 극대화를 원한다면 무엇보다 포트폴리오에 기인한 접근이 권유되는 이유다.

기대수익보단 손실위험이 먼저···
'내 자신을 알아야 성공투자 가능'

과유불급(過猶不及)이다. 넘치면 모자람만 못하다. 재테크 때 균형
감각을 잃어버리면 득보다 실이 많다. 와신들에 따르면 한국의 투
자관행은 꽤 이율배반적이다. 리스크 지는 걸 죽기보다 싫어하면서
도 한편에선 기꺼이 대출까지 받아 붐을 일으킨 일부자산에 '올인'
하는 경향 때문이다.

요약하면 냄비근성에 충실한 몰방투자요 '묻지 마 투자'다. 돈만
된다면 불나방처럼 달려들어 가지고 있는 모든 패를 한방에 건다.
가깝게는 90년대 말부터 '주식(펀드) → 부동산 → 펀드' 투자광풍
이 모두 그랬다. 실용정부가 출범한 지금은 규제완화로 재개발 등
부동산 투자열기가 그 바통을 이어받을 태세다. 최근 강남아줌마들
을 필두로 돈 될 만한 재개발 물건에 대한 입질이 부쩍 늘었다는
후문이다.

하지만 이런 투자관행은 이제 버릴 때다. 더 이상 효과가 없거니와
기대수익보다 손실위험이 부각되는 시대상황 때문이다. 자고 나면
성장하고 물가가 뛰던 고성장·인플레시대엔 사실 어떤 자산이든
투자가 곧 수익을 의미했다. 하지만 지금은 저성장·디플레가 임박
한 상태다. 자산수익은커녕 자산디플레(가격하락)까지 우려하는 게
옳다. 여기에 길게 봐 인구까지 줄면 자산시장의 수급붕괴가 불가
피하다.

일각에선 자산거품이 곧 꺼질 것처럼 경고메시지도 쏟아낸다. 남이
한다고, 돈이 될 것 같다고 전략 없이 뛰어드는 투자는 위험할 수
밖에 없다는 얘기다. 자산시장엔 '양떼이론'이란 게 있다. 양은 앞

서가는 양의 엉덩이만 보고 따라간다. 그러니 앞선 양이 절벽에서 떨어지면 모든 양이 줄초상난다. 그만큼 추종투자의 끝은 무섭다.

투자활동에 만고불변의 절대원칙은 없다. 제아무리 승률 좋은 투자자산이라도 본인과 궁합이 어긋나면 '그림의 떡'이다. 남들이 떼돈을 벌었다고 광고(?)하고 다녀도 한귀로 흘려버리는 게 낫다. 투자한다고 누구에게나 수익을 안겨주는 대박자산은 애초부터 없기 때문이다. 성격 급한 사람이 돈 빌려 땅 사거나(땅은 느긋이 봐야하는 대표적인 장기상품이다), 퇴직이 내일모레인데 위험천만한 주식에 노후자금을 '올인'하면 사실상 될 일도 어긋나는 게 세상이치다.

거꾸로 말해 몸에 맞는 투자야말로 승률을 높이는 지름길이다. 몸에 맞춘 재테크가 효과가 크듯 투자의 기본은 '안성맞춤'이다. 맞춤투자 때 우선 고려사항은 투자자 본인들의 상황인식이다.

탄탄한 라인업
'무궁무진한 예비 기초자산'

   ETF의 출생연월은 2002년 10월이다. 이제 고작 여섯 살배기에 불과하다. 하지만 초기 시행착오를 견뎌내고 지금은 기대이상 잘 커줬다. ETF가 출시된 다른 나라와 비교해도 성장세는 남다르다. 아시아시장에선 모두 64개가 상장된 일본에 필적하며 2위 규모의 덩치를 자랑한다. 특히 최근(2~3년)에 훌쩍 성장했다.

   ETF시장이 단기성장에 성공한 배경은 복합적이다. 저축에서 투자로의 패러다임 변천과정에서 금융시장이 한층 선진 · 다양화됐으며, 이 결과 투자자산의 선택 폭이 넓어졌고, 무엇보다 까다로워진 고객수요에 눈높이를 맞춰 설계 · 출시됐다는 게 주효했다. 새로운 시장수요와 적재적소의 상품공급이 딱 맞아떨어진 결과다.

ETF가 고속성장을 하는 데 훌륭한 자양분이 된 건 상품종류의 확대추세다. 상품숫자가 늘면서 초기의 썰렁함은 이제 왁자지껄한 부산함으로 변했다. 투자대상의 증가에 따라 ETF만으로 포트폴리오를 구성해도 될 만큼 라인업 자체가 탄탄해졌다.

이 결과 시장파이가 커지면서 규모뿐 아니라 상품형태도 나날이 다양해지고 있다. 치열한 경쟁에 따른 제살 갉아먹기보단 함께 사는 시너지효과를 낸 것도 큰 몫을 했다. 운용사 입장에선 상품개발에 따른 비용요소가 상대적으로 적다는 점도 상품구성이 확장되는 포인트로 작용한다. ETF는 추종지수만 있으면 얼마든 상품을 만들어낼 수 있다. 이론상 기초자산(지수)이 무궁무진하단 점에서 ETF는 무한대로 설계할 수 있다.

〰️ 독보적인 확장·응용성 '지수만 있으면 뭣이든 상품화'

실제로 ETF는 금융상품 중 독보적인 확장성과 응용성을 자랑한다. 특정주식은 물론 채권·파생상품 등 가격지수만 만들 수 있다면 뭣이든 ETF로 만들 수 있다. 동일유형 자산이 최소 2개이상 존재해 집단화(인덱스)만 가능하면 된다. 원유·귀금속·곡물 등 실물자산도 얼마든 ETF의 기초자산으로 활용 가능하다.

특정자산은 물론 특정국가의 가격지수 등을 조합할 수도 있다. 신규상장(IPO) 기업들을 가격지수화한 ETF도 있다. 심지어 성격이 다른 자산도 섞어 지수화하면 ETF로 만들 수 있다. 3장에서 자세히 다루지만, 운용기법까지 파격적인 신종ETF가 쏟아지고 있다. 수요만 있다면 공급은 무한히 가능하다는 의미다.

ETF의 상품종류는 갈수록 확대·증가하는 추세다. 기초자산의 무한 확장성 덕분이다. 특히 한국처럼 초기시장인 경우 상품 증가에 따른 체감속도가 훨씬 빠른 편이다. 2008년 10월말 현재 국내에 상장된 ETF는 모두 36개다(해외ETF 포함).

지난 9월 25일 신규로 상장된 2개의 주식선물 ETF를 합한 숫자다. 주식선물 기초자산 종목 중 시가총액 상위 15개 종목을 섞어 지수화한 상품이다. 10월말엔 5대 그룹에 투자하는 ETF도 출시됐다. 유사한 선례였던 2008년 5월 상장된 삼성그룹주 12개를 바스켓에 담은 'KODEX삼성그룹'이 많은 인기를 얻은 덕분이다. 이대로라면 연내 40개 돌파는 무난할 전망이다.

상품종류별로 ETF를 구분해 살펴보자. 지금은 상품숫자가 한정적인 까닭에 라인업으로 본다면 좀 부족해 보여도 지금 추세라면 조만간 ETF 상품종류와 범주는 보다 공고해질 확률이 높다. 그만큼 ETF의 기초자산이 다양·세분화돼고 있다. 현재 상장된 ETF는 종류로 봤을 때 크게 국내 시장지수를 따르는 것(7개)과 이것이 좀 세분화된 섹터지수(10개), 그리고 주식스타일에 따라 구분된 스타일지수(8개), 해외지역 시장지수(5개), 기타범주의 전략적 ETF(6개) 등이 있다.

ETF시장을 장악한 압도적인 상품은 시장대표지수를 따르는 형태다. ETF시장의 터줏대감으로 불리는 KOSPI200지수를 추적하는 게 절대다수다. 통계를 보면 전체 ETF 중 86% 이상이 모두 KOSPI200에 따라 가격이 변하는 체계를 갖고 있다.

KOSPI200지수는 상장종목 중 시장대표성, 유동성, 업종대표성 등을 기준으로 시가총액이 크고 거래량이 많은 상위종목 200개를 선정해 평균한 것이다. 순자산총액 상위 3위권인 KODEX200(삼성투신), TIGER200(미래맵스), KOSEF200(우리CS) 등이 모두 KOSPI200지수를 추종한다. 이밖에 KRX100지수를 벤치마킹한 시장지수 ETF도 수탁고가 증가세다.

ETF가 추종하는 기초자산(지수)은 2006년 섹터지수 출시를 계기로 가지를 쳐나가기 시작했다. 시장평균보단 특정업종에 특화된 ETF의 등장이다. 자동차, 반도체, 은행, 미디어통신, 증권, IT, 조선업 등 섹터지수 투자형 ETF다.

그러다 2007년엔 가치·성장주 논쟁을 대변하듯 개별종목의 스타일을 덩치별로 구분한 ETF도 선을 보이기 시작했다. 투자성향에 따라 입맛에 맞게 골라잡을 수 있게 됐다.

2008년을 전후해선 해외시장의 대표지수에 투자하는 ETF도 생겨났다. 홍콩, 일본, 브라질, 중남미, BRICs 등의 시장지수를 사는 효과를 얻을 수 있게 됐다.

성장잠재력 굿 '추적지수·플레이어 쏠림현상 완화'

ETF의 기초자산을 둘러싼 진화는 지금도 현재진행형이다. 앞서 설명대로 삼성그룹에 속한 유망회사들만 묶은 ETF가 나오더니 5대 그룹으로 폭을 넓힌 상품도 등장했다.

급기야 주식선물에 투자하는 ETF도 출시됐다. 주식선물의 기초자산으로 자주 사용되는 대형우량주 15종목의 평균지수에 투자하는 형태로 이는 향후 ETF의 상품구색이 얼마나 다양해질 수 있는지를 유감없이 보여준 사례다. 특히 선물의 경우 한 계약 크기가 억 단위인 탓에 소액투자자에게 진입제한이 많았지만, ETF로 투자하면 거래가 1주 단위에 가격까지 저렴해 투자지평을 넓힐 수 있다는 평가다.

ETF시장은 성장잠재력이 대단하다. 정책적 배려까지 잇따르고 있어 향후 자산시장의 중요한 축을 담당할 전망이다. 2002년 출범 이후 ETF시장이 초기에 고전을 면치 못했던 건 미미한 상품라인업과 이에 따른 고객소외 탓이 컸다. 관심이 있어도 살만한 게 별로 없는 데다 거래량이 적으니 유동성까지 빨간불이 켜진 것이다.

하지만 그간 상품개발에 제한을 가했던 금융당국이 최근 시장 활성화를 위해 규제를 풀고 있어 기대된다. 주가지수 추종만 가능하도록 했던 상품 개발규정을 폭넓게 확대시켰기 때문이다. ETF시장의 상품빈곤 딜레마를 풀자면 농산물·원자재 등 상품지수에까지 폭을 넓혀줄 필요가 있다는 공감대도 넓게 형성되고 있다.

이로써 개별상품은 물론 이를 기초로 한 지수개발까지 가능해졌다. 앞으로 기발한 아이디어의 신종ETF가 출시되는 건 시간문제다. 선진국의 가지각색의 신종ETF를 봐도 단적으로 알 수 있다. 라인업의 강화는 투자자에겐 낮은 거래비용을, 업계엔 새로운 수익창출 모델을, 시장엔 다양성을 제공하는 등 모두에 긍정적일 것으로 평가된다.

ETF시장의 주최측 플레이어들도 속속 늘어나고 있다. 지금은 삼성투신, 미래에셋맵스, 우리CS운용 등 빅3가 사실상 시장을 과점하고 있다. 순자산총액이든 상품숫자든 절대다수가 이들 3개 사에 쏠려있다. 하지만 유리자산운용에 이어 2008년 이후 한국투신운용과 KB자산운용 등이 잇따라 시장에 진출했거나 출사표를 밝히고 있어 향후 경쟁은 한층 치열해질 전망이다.

동시에 개인투자자들의 ETF 입질 역시 활발해질 공산이 커졌다. 상품구색 강화에 따른 충실한 라인업이 선택의 폭을 넓혀주고 다양해진 고객수요를 흡수할 수 있어서다. 게다가 바람직한 시장성숙을 위해서도 투자시장의 핵인 개미군단의 본격적인 참여가 유인될 필요가 있다.

현재 개인투자자의 ETF 거래비중은 10%대 초반에 불과하다. 절대다수의 거래가 기관투자가·외국인투자자에 집중된, 이른바 도매시장 중심이다. 따라서 ETF시장의 영광지속을 위해선 일반적인 펀드에 비해 비용과 매매방법 등의 뚜렷한 비교우위가 보다 널리 알려질 필요가 있다.

업계에 따르면 2009년부터 ETF의 추종지수 종류와 대상은 한층 확장될 전망이다. 채권, 상품은 물론 혼합ETF, 스왑복제ETF, 레버리지ETF, 리버스(지수역행)ETF 등 수많은 신종상품이 쏟아질 것으로 내다보는 전문가가 많다. 국내와 해외자산, 위험자산과 안전자산을 섞은 형태의 ETF도 얼마든 출시될 가능성이 커졌다. 시장이 성숙될수록 ETF의 추적지수가 진화하는 건 공통적인 현상인 까닭에서다.

한국형 ETF의 성공스토리는 해외시장에서 그 힌트를 얻을 수 있다. 미국을 위시한 금융선진국에서 ETF가 차지하는 입지는 편

드시장의 패권을 쥔 뮤추얼펀드를 위협할 정도의 놀라운 성장속
도라는 데 이견이 없다. 세분·전문화된 ETF가 봇물처럼 쏟아지
고 있어서다. 최근 1~2년에 출시된 ETF가 이전에 나온 걸 모두
합한 것보다 더 많다.

〰️ 달러약세로 상품ETF 관심증가 '라인업 강화'

외신에 따르면 지금도 수백 개의 ETF가 금융당국의 승인을 대
기 중인 것으로 알려졌다. 설정규모·상품숫자 모두 기록적인 수
치로 파티를 이어가고 있다. 업계 또한 특정산업이나 자산을 추
적하는 맞춤 바스켓을 고안하기 위해 노력해왔다. 실물자산이 추
적지수로 등장한 지는 벌써 오래 전의 일이다.

〈이코노미스트〉지는 "시장지수만으로는 부족하다는 판단에
분사·사모펀드·백신·지적재산·나노기술·청정에너지 등
을 추적하는 ETF도 나오기 시작했다"고 보도했다. 정크본드를
추적하는 ETF까지 나왔다. 〈월스트리트저널(WSJ)〉에 따르면
2008년 상반기까지 미국증시의 ETF규모는 6,000억달러(약 600조
원)로 2년 전에 비해 2배로 급성장했다.

미국의 금융쇼크 탓에 달러가치 하락서가 당분간 불가피하단
점에서 상품관련 ETF에 대한 수요도 늘어날 전망이다. 원유나
금, 농산물 등 달러가치와 역관계인 실물지수를 추적하는 ETF로
주식·채권 등 전통적인 투자자산과 병행·편입하면 뛰어난 분
산효과를 거둘 수 있다는 장점이 있다. 상품관련 ETF는 금·은처

☑ 거래소 상장 ETF 현황

구분	종목명	상장일	운용사	추적지수	구성 종목	순자산 총액(억원)
시장 대표 지수 (7)	KODEX 200	'02.10.14	삼성투신	코스피 200	200	12,957
	KODEX KRX 100	'05.10.28		KRX 100	100	79
	KOSEF 200	'02.10.14	우리CS	코스피 200	200	5,231
	KOSEF KRX 100	'08.1.23		KRX 100	100	417
	TIGER 200	'08.4.3	미래맵스	코스피 200	200	8,942
	TIGER KRX 100	'06.6.27		KRX 100	100	402
	KINDEX200	'08.9.25	한국투신	KOSPI200	200	—
섹터 지수 (10)	KODEX 자동차	'06.6.27	삼성투신	KRX Autos	20	105
	KODEX 반도체	'06.6.27		KRX Semicon	20	308
	KODEX 은행	'06.6.27		KRX Banks	10	104
	KODEX 증권	'08.5.29		KRX Securities	11	95
	KODEX 조선	'08.5.29		KRX Shipbuilding	10	97
	TIGER 반도체	'06.6.27	미래맵스	KRX Semicon	20	215
	TIGER 은행	'06.6.27		KRX Banks	10	283
	TIGER 미디어통신	'07.9.7		KRX 미디어통신	10	66
	KOSEF IT	'06.6.27	우리CS	KRX IT	30	138
	KOSEF Banks	'06.6.27		KRX Banks	10	82
스타일 지수 (8)	KODEX 중대형가치	'07.7.31	삼성투신	MF 중대형가치	115	79
	KODEX 중형가치	'07.7.31		MF 중형가치	66	81
	KODEX 중대형성장	'07.7.31		MF 중대형성장	122	58
	TIGER 순수가치	'07.7.31	미래맵스	MF 순수가치	200	103
	TIGER 중형가치	'07.7.31		MF 중형가치	66	89
	KOSEF 대형가치	'07.7.31	우리CS	MF 대형가치	57	79
	KOSEF 중형순수가치	'07.7.31		MF 중형순수가치	37	60
	TREX 중소형가치	'07.7.31	유리	MF 중소형가치	288	103
해외 지수 (5)	KODEX China H	'07.10.10	삼성투신	Hang Seng China Enterprise Index	42	1,699
	KODEX Japan	'08.2.20		TOPIX 100	100	110
	KODEX Brazil	'08.5.28		Dow Jones Brazil Titans 20 ADR Index	—	

72

구분	종목명	상장일	운용사	추적지수	구성 종목	순자산 총액(억원)
해외 지수 (5)	TIGER 라틴	'08. 8.27	미래맵스	BNY latin America 35A	-	-
	TIGER 브릭스	'08. 8.27		BNY BRIC Select ADR	-	-
기타 지수 (6)	KODEX 삼성그룹	'08. 5.21	삼성투신	삼성그룹지수	12	917
	KOSEF 블루칩	'08. 5.29	우리CS	MF 블루칩	40	-
	KOSEF 고배당	'08. 5.29		MF 웰스 고배당 20	20	-
	KINDEX F15	'08. 9.25	한국투신	MF F15 PW	-	-
	KINDEX 15	'08. 9.25	삼성투신	MF F15 VW	-	-
	KStar 5대 그룹주	'08.10.22	KB자산운용	MF TOP 5 그룹지수	-	-

• 자료 : 증권선물거래소(2008년 7월 22일 기준), 이후 상장된 것은 필자추가

럼 상품에 직접 투자하거나, 원유처럼 관련 파생상품에 넣는 방
법, 그리고 관련기업의 바스켓(지수화)에 투자하는 방법이 있다.

탄탄한 라인업은 ETF시장의 성장을 담보하는 유력한 도구 중
하나다. 투자자 입장에선 다양한 ETF 중 본인입맛에 맞는 상품을
선택, 저렴한 비용으로 분산투자를 할 수 있다는 점에서 반드시
관심을 가져봄직한 자산이다. 게다가 저비용 구조 덕분에 기대수
익도 매력적이다.

ETF는 직접투자 이외엔 투자방법이 없을 것이란 고정관념을
깬 역발상적 투자기회의 창출에 다름 아니다. 추적지수의 다양화
로 투자지평이 확대되면서 단순한 상품에서 맞춤형 자산으로 자
리매김하기도 했다. 합리적인 투자자라면 ETF를 긍정적이고 적
극적으로 활용하는 게 바람직하다.

명품자산 ETF로
'투자를 잘하는 10가지 방법'

저축에서 투자로의 패러다임 전환시대다.

안전자산은 가고 위험자산의 시대가 열리고 있다는 얘기다. 금융쇼크 이후 자산버블의 경고시그널 탓에 잠깐씩 하락폭풍을 회피하려는 차원에서의 안전자산 선호현상이 있긴 하겠지만, 어쨌든 대세는 위험자산의 적극적 편입에 있다. 경제구조의 선진화와 함께 저성장·저금리환경이 본격적으로 펼쳐지고 있어서다. 결국 투자를 얼마나 잘하느냐에 따라 미래를 살아갈 자산규모가 결정되는 셈이다.

그렇다면 어떻게 하는 게 '잘하는 투자'일까. 관심은 많지만 정답은 찾기 힘든 주제다. 애초부터 정답이 없는 질문일 수도 있다. 투자주체인 개별사람마다 성향·환경 등이 모두 다르기 때문이다.

다만 '잘하는 투자'의 방향은 얼추 정할 수 있다. 돈을 불리는 기본원리란 동서고금을 막론하고 비슷해서다. 이를 기초로 자신만의 투자기법과 재미를 찾을 수 있다면 성공확률을 한층 높일 수 있다.

투자로 돈 버는 진리는 멀리 있지 않다. 문제는 이해와 실천이다. ETF가 아무리 명품자산이라고 주장해본들 수용되지 않거나 실천되지 않으면 무용지물이다. 다음은 〈포천〉이 2008년 연초 소개한 '투자를 더 잘하는 10가지 방법'이다. 이를 ETF에 적용시켜 ETF가 뜰 수밖에 없는 의미와 투자매력으로 확대해석해봤다.

ETF A to Z '투자를 잘하는 만능열쇠의 비밀'

■ **넓은 식견을 가져라** = 단편적인 수익률에 일희일비하기보다 총체적인 세후수익을 통해 평상심을 유지하는 게 좋다. 시각을 넓혀 투자대상이 겹치지 않도록 체크하자. 넓은 식견은 투자활동의 주요무기 중 하나다.

⇒ 요즘 ETF는 상품종류가 다양해지고 있다. 투자대상의 다양화다. 관심사가 넓고 밝다면 신형 ETF에 대한 이해도 빨라지고 그만큼 성공확률도 증가한다. 아는 만큼 투자기회가 늘어나는 건 당연하다(3장에서 더 자세히 설명한다).

■ **최고를 꿈꾸되 최악도 대비하라** = 금융세계화와 자본자유화는 기회와 함께 위기도 필연적으로 키운다. 늘 최악의 경우에 대비해야 광기와 패닉으로부터 자유로울 수 있다. 투자자산은 그대로인데 투자심리가 변할 뿐이다. 똑똑한 투자자라면 수익과 손실을 정확히 이해할 필요가 있다.

⇒ 2008년 가을 금융쇼크는 많은 교훈을 줬다. 수익과 위험이 백짓장 차이임을 여실히 증명해냈다. 시황 따라 편차가 큰 액티브자산은 한 마디로 롤러코스트다. 장이 좋을 땐 대박일지언정 꺾이거나 횡보할 땐 리스크가 급증한다. 패시브(인덱스펀드·ETF 등)자산의 진면목이 강조되는 이유다. 최고를 꿈꾸되 최악일 때도 웃을 수 있는 ETF로 완벽한 포트폴리오를 구성할 필요가 있다.

■ **투자 전에 조사부터 먼저 하라** = 투자자산은 살아있는 유기체다. 중요한 투자지표인 숫자정보만 해도 늘 변한다. 자산의 겉포장만 볼 게 아니라 내부구조를 볼 필요가 있다. 펀드투자 땐 약관과 내역 등 정성적 부분까지 체크하라.

⇒ 가격과 가치는 투자시장의 최대잣대다. 둘 사이의 불균형이 수익·위험을 결정한다. 시장·업종지수를 기초로 한 ETF는 겉보기와 달리 단순하지 않다. 상품구조와 작동원리를 아는 만큼 명품 ETF를 고를 수 있는 눈도 생긴다. 게다가 ETF는 실시간 가격정보의 공개를 통해 고평가·저평가 여부도 알 수 있어 큰 도움이 된다.

■ **투자확신 대신 말을 아껴라** = 특정자산에 대한 투자가 제아무리 성공확률이 높다고 해도 맹신해선 곤란하다. 여차하면, 그것도 자주 엇박자를 내는 게 자산시장이다. 확신이 들어도 한 번에 모든 걸 걸면 안 된다. 보수적인 접근이 필요하다. 포트폴리오의 10%가 넘는 금액은 신중히 투자하라. 그것이 옳았다면 일정한 수익을 올릴 수 있고, 틀렸다면 그래도 큰 손실과 충격은 없는 수준이다.

⇒ 시장은 변덕꾸러기다. 늘 과장스럽게 행동하고 또 지나치게 우려한다. 이게 투자심리를 필요이상 부추기고, 결과적으로 가격변동까지 확대한다. 현명한 투자자는 말이 적다. 말이 많은 전문가는 경계대상이다. 액티브펀드에 대한 과도한 투자확신 대신 과묵한 실력자인 인덱스펀드나 ETF로 내실을 다지는 편이 낫다.

■ **모르는 것에 귀 기울이고 배워라** = 좀 안다고 당신이 이미 전문가인양 믿거나 행동해선 안 된다. 자산시장은 곳곳에 함정과 요철이 기다리고 있다. 숫자를 맹신해도 곤란하다. 수익률은 시장평균 · 과거수치와 비교해 따져보는 게 좋다. 호재보단 악재의 등장을 주목해 늘 질문하고 확인하라.

⇒ 시장에 푹 빠지면 신중함 대신 자만심이 고개를 든다. 자산시장에 진실은 없다. 투자정보란 늘 변한다. 주식과는 연애하되 결혼하면 안 되는 법이다. 모른다는 사실을 인정함으로써 신중한 투자가 가능하다. '처음처럼' 접근해야 실수가 없다. 좀 안다고 우쭐대는 순간 시장은 당신의 지갑으로부터 돈을 빼내기 시작한

다. 초보투자자라면 작동구조가 간단한 ETF를 통해 자산시장의 게임법칙을 경험하는 게 좋다. ETF라면 아마추어라도 시장평균에 가깝게 움직일 수 있는 속편한 투자자산이다.

■ **과거가 모든 걸 보장하지는 않는다** = 오르면 떨어지게 마련이다. 천정 가는 길이 가팔랐다면 하산 길 경사도 심할 수밖에 없다. 시장평균보다 늘 $+\alpha$를 추구하는 액티브자산들이 특히 등락폭이 크다. 장이 좋다고 무작정 투자하면 안 된다. 비쌀 때 사서쌀 때 되파는 최악의 자충수를 둘 수 있어서다. 현명한 투자자라면 쌀 때 사서 비싸게 팔아야 한다.

⇒ 자산시장만큼 과거지향적인 투자관행이 정착된 곳도 사실 없는 것 같다. 때문에 특정자산의 과거성적이 좋았다면 물불가리지 않고 달려든다. 하지만 하루가 달리 새로운 투자변수가 등장하는 자산시장은 과거와의 단절이 특징 중 하나다. 과거실적이 화려했을수록 어쩌면 남은 건 처절한 패배일 수 있다. 시장은 오르면 내리게 마련이다. ETF는 화려하지 않지만 꾸준하다. 대놓고 자랑하지 않지만 아는 사람은 다 아는 미래지향적인자산이다. 시간(복리)에만 올라타면 과거는 몰라도 미래는 보장해준다.

■ **남의 말을 과신 말고 비교검토 · 평가하라** = 내로라는 투자전략가들을 침묵하도록 만드는 것은 그가 과거에 예측했던 모든 자료를 요청하는 것이다. 만약 이 자료를 얻지 못한다면 그의 말을 그다지 새겨들을 필요가 없다. 똑같은 투자전략을 사용한 사람들

의 과거성과 등의 자료를 모아라.

⇒ 시장전문가들의 예측은 고장 나 멈춘 시계가 하루 두 번은 정확히 맞듯 그 이상도 이하도 아니다. 전문가들의 코멘트와 관심사가 특히 잦은 투자자산이라면 되레 의심할 필요가 있다. 고객을 홀림으로써 그들이 얻는 뭔가가 더 클 수 있기 때문이다. 경제학에서 말하는 '대리인 비용'의 함정이다. ETF는 시장의 어떤 전문가도 대놓고 추천하지 않는다. 그들의 이해관계와 맞지 않아서다. 그만큼 ETF는 고객지향적 자산이다.

■ **너무 좋아 믿기 어렵다면 정말 믿을 수 없다** = 보다 정확히 말해 너무 좋아 믿을 수 없다면 확실히 믿을 수 없는 것이다. 누군가 단기간에 저위험·고수익이 가능하다고 제안하거든 이는 사기일 가능성이 크다. 이걸 듣는 사람은 분명 바보다.

⇒ 자산시장엔 온통 당신 돈을 뺏으려는 사람들뿐이다. 시장은 절대 모든 걸 이해하고 품어주는 어머니의 따뜻한 품속이 아니다. 정직한 수익을 기대하라. 사기꾼들 말처럼 손쉽게 큰돈을 벌 수 있는 방법이 있다면 그들이 왜 그 비밀을 은밀히 전파하겠는가. ETF는 너무 좋아 믿기 어려운 자산이 결코 아니다. 처음 접하면 오히려 버텨내기 힘든 자산이다. 메리트가 없진 않은데, 본인이 그걸 현실화할 수 있을지 의심부터 든다. 하지만 ETF의 밋밋한 수익률이 길게 쌓였을 때 짧게 누적된 액티브자산의 화끈한 수익률은 설 자리가 없어진다는 게 역사의 경험이다.

■ **비용은 적다** = 자산시장에 뛰어들려면 참가비가 필요하

다. 특히 펀드투자 땐 비용이 성공투자의 최대관건이다. 살 때 판매기관에 투자원금의 1~2%를 떼 주고, 매년 펀드운용비로 또 1% 정도를 줘야 한다. 보유주식 교체 때의 비용을 비롯해 눈에 보이지 않는 비용도 상당하다. 시간이 지나면 투자자보다 운용·판매사들만 부자가 될 수밖에 없다. 부자가 되고 싶다면 비용을 신중히 따지고, 또 느긋하게 비교해야 한다.

⇒ 공짜점심이 없듯 비용을 치르는 건 당연하다. 하지만 이는 비용지불만큼 투자효과를 봤을 때 한정된다. 손에 남은 수익이 없는데 막대한 비용까지 떼 간다면 고객입장에선 이중삼중의 피해다. 비용은 철저한 관리대상이다. 처음엔 미약해도 나중엔 엄청난 부담으로 다가오는 게 또 비용이다. ETF는 현존하는 최고의 저비용자산이라는 인덱스펀드보다 비용이 더 적다. 그러면서 장기·분산·적립투자로 최대효과를 노릴 수 있다. 명품자산 ETF에 투자할 때 비로소 당신도 명품투자자가 될 수 있다.

■ **달걀은 나눠 담아두라** = 불후의 자산시장 투자 룰이다. 집중투자의 효과도 분명 존재하지만, 이는 베테랑 투자자들의 영역이다. 아마추어라면 기본전제는 분산투자다. 달걀을 한 바구니에 넣어뒀다 부딪히거나 떨어뜨리면 복구불능이다. 일례로 아무리 당신회사를 좋아해도 모든 돈을 당신회사 주식에 투자하지는 마라. 회사가 어려워지면 월급은커녕 투자원금마저 날릴 수 있다.

⇒ ETF 투자의 백미는 분산투자다. 시장이든 업종이든 특정성격에 따라 묶이는 평균지수에 투자하기 때문에 그 자체가 훌륭한

분산투자다. 액티브자산처럼 수익률이 천국과 지옥을 널뛰듯 오
가진 않지만, 여러 곳에 나눠 투자한 결과 철저히 시장평균만큼
꾸준하고 무겁게 움직여 마음 졸일 일이 없다. ETF에 투자하면
절대 도산할 일은 없다.

↘ ●→↗ 🔖 투자성향과 ETF

손맛 좋은 직접 주식거래 '엉망진창 머니게임' …
속 편한 ETF '소리 소문 없는 표정관리'

개인투자자들이 즐겨 찾는 재테크사이트 모네타(www.moneta.co.kr)
에 투자자성향과 ETF에 관련된 재미난 글이 있어 소개한다. 작성
자는 개별주식 직접투자자와 ETF투자자의 차이를 몇 가지로 나눠
정의했다.

우선 심리상태다. 개별주식에 투자하는 사람들의 심리상태부터 보
자. 이들은 늘 주식에 대해 신경 쓰고 마음도 조급하다. 말로는 장
기투자라 해도 맘 한 구석은 항상 불안하다. 하루도 주식에 대해
자유로울 수 없다. 신문, 인터넷 등을 봐도 관심사는 온통 주식뿐이
다. 스스로 차츰 주식에 중독돼가고 있다는 걸 느낀다.

반면 ETF투자자는 비교적 맘이 편하다. 주식을 잘 모르는 문외한
이라도 그다지 신경이 쓰이지 않는다. 잘 몰라도 투자할 수 있는
게 ETF인 까닭에서다. 때문에 여유시간에 다른 일을 할 수 있고,
취미생활도 얼마든 가능하다. 개별주가가 급등락을 했다는 뉴스를
들어도 표정변화가 없다.

투자의 맛은 어떨까. 개별주식을 매매하는 투자자들은 주가변동에
따라 하루에도 수십 번씩 천국과 지옥을 오간다. 변동성이 심한 장
세에선 탐욕과 공포가 교차한다. 손맛이 빼어나 스릴을 즐길 수 있
다. 하지만 ETF투자자는 장세변동과 무관하게 조용하다. 스릴이 없
어 간혹 투자자임을 망각하기도 한다. 투자수익률은 길게 봤을 때
밋밋한 ETF가 개별주식보다 위험대비 수익이 높다는 역사적 경험
에 희망을 건다.

실제로 둘 사이의 수익률은 극단적 비교가 가능하다. 개별주식 매

매는 사실 대박 아니면 쪽박에 가깝다. 순식간에 상한가를 쳤다가 다음 날 하한가를 치는 경우가 비일비재하다. 다만 장기성과로 보면 안타깝게도 개별종목 투자자는 마이너스(−)일 확률이 높다. 원금보전에 집착해 의도하지 않은 분산투자자(백화점식 잔고보유)가 되기도 한다. ETF투자자는 대박기대감이 상대적으로 낮다. 시장평균만큼을 추종하니 욕심이 적다. 움직임이 적지만 조금씩 소리 없이 고성과를 낸다.

인지도는 개별주식 매매가 ETF 투자보다 훨씬 대중적이다. 주식투자 한다면 대부분 개별주식 매매를 떠올릴 정도다. 실제 대부분의 아마추어투자자들은 스스로 개별주식을 직접 매매한다. 반면 ETF는 아직 낯설다. 상품정보와 노하우가 적은 데다 투자 가능한 가짓수와 종류가 적다. 일부 발 빠른 개인투자자들의 전유물에 불과하다. 시간이 지날수록 ETF시장규모나 종류가 늘고 있다는 점은 고무적이다.

비용문제도 짚고 넘어가야 할 포인트다. 개별주식 매매 땐 각종비용이 다양한 명목으로 붙는다. 수수료가 낮은 증권사와 거래해도 기본비용은 무시할 수 없다. 그나마 매매가 잦을수록 비용구조는 더 늘어난다. 하지만 ETF 거래 땐 비용이 아주 적다. 평균 0.5%대의 거래비용이 필요한데, 저비용 ETF를 찾으면 그 이하로도 매매가 가능하다.

결론적으로 개별주식 직접매매는 일종의 머니게임이다. 돈 놓고 돈 먹기 식의 약탈적 투기거래에 가깝다. 수익률이라도 좋으면 괜찮은데, 그것도 엉망이다. 반면 ETF는 최고의 투자대안으로 손색이 없다. ETF만큼 완벽한 구조를 지닌 상품도 거의 찾아보기 힘들다. 물론 최종선택은 투자자 본인에게 달렸다.

ETF 투자가이드 '승률 높이는 마법전략 완전정복'

● 한국의 ETF시장 '짧은 역사 놀라운 성장' ● 돈 버는 길로의 안내 'ETF 투자에 앞서' ● 필수정복 관련용어 '단거만 알아도 절반의 성공' ● 경계대상 부작용 '기회와 위기는 백짓장 차이' ● 핵심 투자가이드 'ETF로 균형 잡힌 포트폴리오를' ● 기타전략 6가지 '상황 따라 쓸 카드 가지각색' ● 투자자별 궁합 ① 'ETF는 누구에게든 필수자산' ● 투자자별 궁합 ② '성향 따라 덜 잃고 더 따는 법'

한국의 ETF시장
'짧은 역사 놀라운 성장'

'Buy American. I am.'

버핏이 결국 부시보다 한수 위인 모양이다. 세계경제를 불황 블랙홀로 몰아넣은 21세기 최초의 공황사태(금융쇼크)의 심판관으로 시장은 버핏을 택했다. 부시가 내놓은 거액의 구제방안에도 꿈쩍 않던 월가가 버핏의 한 마디에 고개를 끄덕인 까닭에서다.

동네북처럼 얻어터지던 신자유주의(시장자율 중시, 작은 정부 지향 등)의 존폐논쟁도 버핏 덕분에 잠깐(?)이나마 중단됐다. 이렇듯 2008년 10월 촉발된 미국발 금융패닉의 해결 리더십은 워렌버핏이란 투자거물이 움켜쥐었다. 물론 투자대가의 본격적이고 확실한 실력검증엔 다소 시간이 걸리겠지만(2008년 11월 현재 버핏도 손해를 보고 있다), 어쨌든 월가에서 말 한마디의 힘은 부시보다 버핏이 셌다.

버핏은 장기투자의 대가다. 그에게 단기흐름은 의미가 없다. 때문에 단기 급등락을 야기한 금융쇼크의 향방조차 별로 관심이 없다. 그의 머릿속엔 '얼마나 싸졌느냐' 만 있다. 그리곤 미래를 사는 게(장기투자) 전부다. 그가 'Buy American. I am' 을 주장한 이유다.

ETF를 포함해 우리의 관심사인 시장(인덱스)을 충분히 싸게 사기엔 지금이 제격이란 판단이 가장 컸다. 수익률은 차후 문제다. 시장만큼 안전한 투자처를 떨이로 살 때 비로소 시간이란 변수가 수익률을 결정하기 때문이다.

〰️ 버핏 "공포 때 탐욕 사라" … ETF 투자메리트 강조

버핏은 금융쇼크에 따른 공포의 전염이 최고치에 달했을 때 탐욕을 사라고 권했다. 그 말 한마디에 시장은 잠시나마 하락을 멈췄다. 막강한 영향력을 자랑하는 '바겐헌터(Bargain Hunter)' 의 입심이다. 이유도 논리적이다. 요컨대 장기투자가 전제라면 지금의 주가수준이 아주 매력적이란 얘기다.

물론 언제 오를지는 그조차 모른다. "나는 단기움직임에 개의치 않으며 1년 뒤 주가가 높을지 낮을지 짚을 수 없다" 고 했다. 빈말도 아니다. 그의 예견이 맞을지 틀릴지 지금은 알 수 없다. 늘 그렇듯 시간이 말해줄 뿐이다. 다만 나중에 보니 그의 판단은 상당부분 옳았다. 시장이 그의 행보에 일희일비하는 이유다.

버핏의 진단은 ETF시장의 장밋빛 미래와 일맥상통한다. 시장 전체를 충분히 싸게 사 장기간 보유하면 엄청난 수익을 안겨준다는 그의 경험담은 최적의 명품자산으로 인덱스펀드를 비롯한 ETF의 투자메리트를 한층 부각시키기 때문이다.

특히 지금처럼 폭락 후 공포감이 만연하고 바닥권 논쟁이 뜨거울 때야말로 향후의 인덱스 움직임이 →, 혹은 ╱란 점에서 절호의 매입시점일 수 있다. 속 편하게 발 뻗고 잘 수 있을 뿐만 아니라 최적의 수익실현 가능성도 높기 때문이다.

여러 이유로 한국의 ETF시장은 어제보다 내일이 더 밝다. 우선 점잖은 장기 투자문화가 확산되고 있는 데다 상품의 라인업이 보다 강화되면서 선택의 폭이 넓어졌다. 주식 보유비중이 높은 액티브펀드의 속임수와 가식, 그리고 만행(?)이 금융쇼크를 계기로 온 천하에 적나라하게 알려진 것도 대안투자로서 ETF의 이름값을 높이는 재료다. 물론 ETF 그 자체의 이길 수밖에 없는 상품구조는 두말할 필요조차 없다.

그간 한국의 ETF시장은 놀라울 속도로 성장했다. 초기 지지부진하던 미숙한 시장에서 이젠 펀드시장의 유력 투자자산으로 승격됐다. 덩치나 상품숫자, 투자관심 등 거의 모든 평가항목에서 전년대비 큰 폭의 증가세를 보이고 있다.

2008년 10월 말 현재 한국의 ETF시장은 총 27개 시장지수를 추종하는 36개 종목이 상장·거래 중이다. KOSPI200지수 등 시장 대표지수를 추종하는 상품은 물론 섹터(업종)·스타일·해외·전략(테마) 등 추가상품까지 속속 등장해 덩치를 키우고 있

☑ 국내 ETF시장 성장세

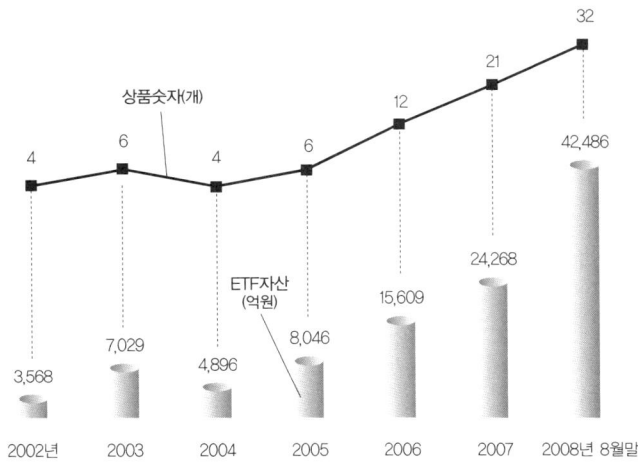

• 주 : 증권선물거래소(단위 : 천좌, 백만원, %)

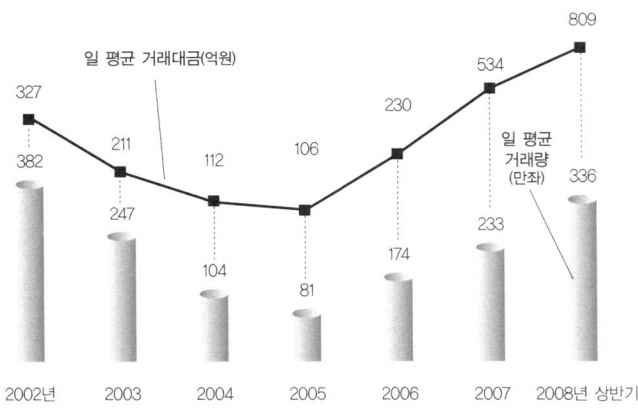

다. 2008년에만(10월말 현재) 15개가 신규로 상장됐다.

　구체적 수치로도 시장성장세는 검증된다. 2008년 3분기 증권 선물거래소 통계를 보자. 일평균 거래대금은 이전분기보다 104% 증가한 1,318억원을 기록했다. 순자산총액은 54% 증가한 약 3조8,000억원으로 집계됐다. 한때 4조원에 육박하기도 했다. 이는 초기보다 무려 12배나 커진 규모다.

　3분기에만 8종목이 추가로 상장됐으며, 동시에 거래대금과 거래량의 폭발적 증가로 이어졌다. 증시침체 탓에 다른 주식 관련 자산이 극도로 얼어붙었던 3분기였지만, KOSPI200지수 ETF 등은 예외였다. 차익거래, 헤지거래 수요와 함께 안정적 투자수단으로 각광을 받은 결과다.

　투자수요를 분석해보면 향후의 ETF시장은 한층 밝다. 현재 한국 ETF시장의 주요 플레이어는 기관투자가와 외국인투자자다. 특히 펀드·변액보험·금전신탁 등 기관투자가의 적극적인 움직임이 돋보인다. 펀드의 경우 ETF시장 거래비중의 36%나 차지한다. 2위는 33%의 외국인투자자다. 분산투자가 가능하고 자산운용 효율성이 높다는 장점 덕분이다.

　결국 지금은 머뭇거리고 있지만, 개인투자자의 본격가세가 시작되면 성장세는 보다 빨라질 전망이다. 실제로 개인투자자들의 투자규모·비중도 최근 조금씩 늘고 있다. 개인의 시장참여는 수요기반을 강화해주는 데 큰 도움이 된다. 현재 개인비중은 10%대 초반에 머물고 있다.

　수익률도 합격점 이상이다. 첫선을 뵌 지 채 6년이 안 돼 아직은 제대로 된 장기성과가 나오지 않았지만, 그럼에도 불구하고 상당한 수준의 수익률을 거뒀다. 해외 ETF의 경우 동일지역 액티브펀드를 멀찍이 따돌리며 양호한 성과를 냈다. 국내 ETF도 절대 다수가 수익률 상위에 랭크됐다.

특히 2008년 이후 본격적으로 펼쳐진 암흑장세에서도 ETF는 대부분 선방했다. 10월말 기준 해외펀드(설정 10억 이상, 1년 이상) -50%대, 국내펀드 -35%대의 손실을 냈지만, ETF는 그보다 낮은 -20~-30%대의 성적을 냈다. 현물주식 보유대가로 주어지는 투자분배금(배당금)도 결과적으로 쏠쏠하다.

⬚ 펀드시장 유력자산으로 부각 '수익률까지 합격점'

ETF시장의 성장스토리를 지난 6년간 계속된 상품종류 증가역사와 함께 살펴보자.

주지하듯 한국의 ETF시장은 2002년 10월 개장했다. KOSPI200지수와 KOSPI50지수를 기초자산으로 하는 4개의 ETF가 최초로 상장됐다. 즉 한국증시 대표지수인 종합주가지수의 시가총액 상위 200개를 바스켓으로 묶은 지수(KOSPI200)를 추종하는 KOSEF200과 KODEX200, 그리고 KOSPI200을 더 간추린 KOSPI50을 대상으로 한 KODEX50과 KOSEF50이 초기 4대 ETF다. 하지만 KOSPI50지수를 대상으로 한 ETF는 2004년 초 유동성 부족이란 한계 때문에 상장 폐지됐다.

시장개설 이듬해엔 KOSDAQ50지수를 추종하는 KODEX Q가 코스닥시장에 상장됐다. 이후 KOSDAQ50 중 30개를 한층 갈무리해 뽑은 KODEX 스타와 배당지수(KODI)를 따르는 KODEX KODI 등이 추가 상장됐다. 개설초기 ETF는 특유의 장점이 적극적으로 활용되지 못한 탓에 고전하기도 했다. 개설당시 3,552억원이던 순자산총액은 3년이 지난 2005년 말까지 겨우 2배 늘어난 8,044억원에 머물렀다.

하지만 2006년을 계기로 ETF시장은 도약하기 시작했다. 2006년 6월 섹터ETF가 등장함으로써 ETF시장에 활기를 불어넣은 것이다. 기초자산이자 추적지수가 확대되는 가운데 상품설계의 방향과 폭까지 한층 자유로워졌기 때문이다.

이에 앞서 2006년 1월엔 KRX100 등 새로운 ETF까지 등장해 선택의 폭을 넓혔다. 섹터ETF란 종합주가지수가 아닌 특정업종(섹트)의 지수를 추종하도록 설계됐다. 초기 자동차, 반도체, 은행 등의 5개 섹터지수가 발표됐다. 이후 2007년 7월엔 에너지화학, 미디어통신, 건설, 철강, 필수소비재, 비은행금융 등 6개 산업군도 섹터지수로 추가됐다.

현재 개별 섹터지수를 따르는 10개 ETF가 거래 중이다. 섹터지수 구성종목의 변경은 1년에 한 번(9월) 시행된다. 시가총액 비중 상한제한(Cap Limit)을 적용해 한 종목의 비중은 최대 25%를 넘을 수 없다.

2007년엔 스타일지수가 본격적으로 등장했다. 지금까지 스타일지수를 추종하는 8개의 스타일ETF가 상장돼 ETF시장의 선택폭을 보다 넓혔다는 평가다. 아시아에서 최초로 상장된 스타일ETF는 성장주나 가치주 등 개별종목의 스타일이 유사한 것들을 따로 모아 발표하는 스타일지수의 움직임을 따르도록 고안됐다.

가치주와 성장주는 물론 시가총액별 대형주, 중(소)형주 등으로 세분화된다. 스타일ETF의 개별종목 및 구성비중은 조금씩 다르다. 증권선물거래소나 각 운용사 사이트에 들어가면 리얼타임 보유종목 현황이 나와 있다.

　다만 펀드이름을 잘 살펴보면 해당스타일을 얼추 알 수 있다. 이름에 덩치와 성격에 따른 조합이 배어나기 때문이다. 가령 중대형가치라면 시가총액이 많은 가치주 그룹에 투자된다는 의미다.

〰 무한히 늘어나는 지수개발 '혁명적 확장 기대감'

　여세를 몰아 2007년 10월엔 해외ETF까지 상장됐다. 홍콩거래소의 HSCI(항생종합지수) 구성종목 200개 중 본토기업(H주) 43개를 대상으로 산출한 지수를 추종하는 KODEX 차이나H가 대표적이다. 이밖에 일본, 브라질에 투자되는 ETF도 출시됐다. 2008년엔 라틴, 브릭스 ETF도 나왔다. 업계에 따르면 향후 미국, 호주, 유럽 등의 시장지수에 투자되는 ETF도 출시대기 중인 것으로 알려졌다. 해외펀드에 비해 저렴한 데다 충분한 분산효과가 강조된 결과다.

　실제로 일부 운용사는 해외ETF에 각별한 공을 들이고 있다. 삼성투신운용(KODEX)이 그런데, 이 회사는 기존에 내놓은 홍콩, 일본, 브라질 ETF 외에 최근 미국 등 금융선진국을 커버하는 ETF를 내놓을 것으로 알려졌다. 구체적으로는 미국 시가총액의 87%를 차지하는 나스닥100지수를 추종하는 ETF가 대표적이다. 달러강세 시대에 대비, 미국자산에 대한 늘어난 관심을 투자기회로 이끌기 위한 결정이다. 빠르면 2008년 연내에 출시될 것으로 기대된다.

테마 혹은 전략ETF로 불리는 틈새상품도 증가세다. 2008년 5월엔 삼성그룹주 14개를 지수로 만든 KODEX 삼성그룹주까지 출시됐다. 이는 얼마든 다양한 ETF가 나올 수 있다는 걸 단적으로 증명해준 사례다. 같은 맥락에서 10월말엔 한국시장을 대표하는 5대 그룹의 주식을 추적하는 KStar 5대그룹주 ETF도 상장됐다. 삼성, SK, LG, 포스코, 현대자동차 등의 대형주 25종목을 대상으로 한다. 높은 인기 속에 순자산이 늘고 있으며, 금융쇼크에도 불구하고 수익률도 상대적으로 우량한 편이다.

2008년 5월엔 우량주에 투자하는 블루칩ETF와 배당소득까지 노릴 수 있는 고배당ETF까지 추가로 상장됐다. 덩치(대형 · 중형 · 소형), 섹터(업종별), 스타일(성장 · 가치), 특정기업(삼성그룹) 등의 ETF에 이어 우량 · 배당주 등 특정테마를 목표로 하는 ETF까지 출시된 셈이다. 미국 등 선진국 시장을 예로 살펴보면 테마를 무엇으로 정하느냐에 따라 향후 추가적인 전략ETF 출시 가능성도 상당히 높다.

〜 미국 14년 만에 1,300배 ↑ '앞날이 더 밝아'

한국의 ETF시장은 말 그대로 괄목상대의 발전을 일궈냈다. 여세를 몰아 최근의 성장세가 지속되면 ETF가 향후 펀드시장의 블루오션으로 부각될 공산도 크다. 특히 ETF 선진국인 미국의 성장역사를 감안할 때 한국의 추가성장 여지는 충분하다. 미국의 경우 14년 역사에 자산규모가 무려 1,300배나 급성장했다. 지난 6년간 발전한 것에 비하면 앞으로의 6년을 더 기대하는 낙관적 전망이 많은 이유다.

실제로 미국의 ETF 성장세는 한국입장에서 봤을 때 괜찮은 역할모델이다. 미국증시에서 ETF는 93년 S&P500을 추종(시장대표지수)한 게 최초의 상품이다. 이후 96년엔 해외ETF가 거래되기 시작했으며, 98년 섹터ETF, 2002년 채권ETF 등으로 투자대상이 넓어졌다. 2007년엔 혼합ETF까지 상장됐다.

이젠 ETF시장의 활성화를 위해 적극적인 운용을 전제로 하는 액티브형 ETF까지 등장할 전망이다. 그간 지수를 추종하며 소극적(Passive) 운용에 주력했던 ETF가 앞으론 적극적(Active)인 위험수용 형태에까지 진출한다는 의미다. 이는 ETF로선 혁명적인 수준의 시장확대다.

한국 역시 ETF시장의 라인업 보강과 관심증가 등 몇 가지 발전조건만 유지되면 상당한 수준의 성장에 무게중심이 쏠린다. 현재로선 상황도 낙관적이다. 다만 이를 위해선 갈 길도 멀다. 여전

☑ 국내 ETF시장 일평균 거래규모

구분	04년	05년	06년	07년	08.1/4	08.2/4
거래량	1,040	816	1,744	2,333	3,529	3,190
거래대금	11,275	10,674	23,048	53,408	80,962	64,627
연환산회전율	491	414	581	761	894	577
증시전체회전율	174	221	175	195	173	172

• 자료 : 증권선물거래소(단위 : 천좌, 백만원, %)

히 KOSPI200처럼 시장대표지수 ETF를 제외하면 거래가 활발하지 않다거나 부족한 유동성 문제, 단기간의 거래반복으로 저비용 구조 훼손, 개인들의 낮은 인지도 등이 그렇다. 그럼에도 불구, 짧은 역사를 생각할 때 지금의 성과와 앞으로의 기대감은 다분히 고무적이다.

● HTS로 ETF를 매매하는 방법

1. 창 띄우기 : 많은 아마추어들이 자주 헷갈려 실수를 저지른다. 살지 팔지 정했다면 입구(매수)와 출구(매도)여부를 꼭 확인하자.

2. 해당종목 클릭 : 증권사 HTS마다 표기방법이 달라 검색이 어려울 수 있다. 종목번호를 외워두면 이용하기 좋다. 클릭 후 반드시 해당 ETF가 맞는지 이름을 확인하자.

3. 매매구분/조건 입력 : 초기설정은 보통과 없음으로 돼 있는 경우가 일반적이다. 매매구분과 조건을 본인의도에 맞게 클릭해 설정하면 된다.

4. 매매가격 입력 : 호가체크 후 원하는 가격을 검색한다. 해당호가와 NAV를 비교해 동일할 경우 매매가 체결될 수 있다. 가장 비싼 매수호가면 즉시 매도할 수 있고, 최저 매수호가면 바로 살 수 있다.

5. 매매수량 입력 : 지정가격에 매매할 수 있는 잔량이 있는지 확인해야 한다. 지정가 주문이라면 잔량만큼만 거래되고, 나머진 주문대기 상태로 남는다.

6. 매매주문 전송 : 주문전송을 클릭하면 주문내용을 다시 한 번 확인시키는 창이 뜬 뒤 확인을 누르면 매매가 완료된다.

7. 매매확인 : 계좌잔고 현황을 클릭해 체결된 가격과 수량이 맞는지 확인한다.

• 자료 : 네이버 카페(ETF station)

● 주문 시 참고용어

- 지정가(보통) : 투자자가 가격조건을 임의로 지정하는 경우다. 지정가격에 상대주문이 없으면 체결되지 않고 대기상태로 빠진다. 다만 지정가격보다 투자자에게 더 유리한 물량이 나올 경우 자동적으로 체결된다.
- 시장가 : 시장에서 지금 거래 중인 가격대에 매매하겠다는 의미다. 동시에 시장가격보다 투자자 입장에서 더 유리한 가격대에 물량이 있으면 발주가 이뤄진다. 가격지정 없이 종목과 수량만 정하면 된다. 신속한 매매에 유리하다.
- 조건부지정가 : 장중에 지정가로 주문을 냈다가 체결이 안 되면 장 종료 전 10분간 단일가 매매 때 시장가주문으로 전환되는 형태다. 지정가로 냈다 최대한 기다려본 뒤 그래도 안 되면 시장가에 체결되도록 해 환금성에 도움이 된다. 개인투자자들이 가장 즐겨 쓰는 주문조건이다.
- 최유리지정가 : 가장 유리한 가격대에 거래하겠다는 의미다. 매도 땐 가장 높은 매수호가로, 매수 땐 최저 매도호가로 매매가 이뤄지도록 한다. 상대적인 가격설정 형태다.
- 최우선지정가 : 가격대를 중시하는 최유리지정가와 달리 체결이 빨리 되도록(우선) 설계한 형태다. 매도 때 가장 낮은 매도호가로, 매수 땐 가장 높은 매수호가일 때 주문이 되도록 했다.

• 자료 : 네이버 카페(ETF station)

돈 버는 길로의 안내
'ETF 투자에 앞서'

ETF는 베일에 가려진 자산이다. 최근 관심이 늘긴 하지만, 여전히 몇몇의 전유물로 '그들만의 리그'에서만 통용되는 아웃사이더 상품이다. 특히 개인투자자보단 기관과 외국인투자자들이 시장의 90%를 장악하고 있다.

하기야 ETF의 형님격인 인덱스펀드조차 비주류자산으로 평가받는 판에 ETF는 두말하면 잔소리다. ETF를 아는 일반대중이 적은데다 홍보조차 덜 됐기 때문이다.

하지만 덜 알려졌다고 ETF의 돈 버는 명품구조가 사라지는 건 아니다. 오히려 소문이 덜 난 잔칫집에 초대받아 들어가는 게 맛난 음식을 배불리 먹을 수 있는 비결이다. 선점효과다.

특히 한국투자자들의 불같은 성향을 감안했을 때 서둘러 자산 바구니에 담아두는 게 효과적이다. 다 그렇듯 경쟁이 세지고, 때가 타면 뒷북을 칠 수도 있어서다. 다만 그러기엔 아직 시간이 필요한 게 사실이다.

알아야 면장도 한댔다. 또 구슬이 서 말이라도 꿰어야 보배다. ETF가 아무리 명품자산이라도 자신을 위한 상품으로 이해하고 채택하지 않으면 무용지물이다. 같은 말로 실천하지 않으면 손실은 없겠지만, 수익도 없다. 장밋빛 전망에 혹해 무조건 들이대거나, 준비 없는 접근 역시 기대효과를 떨어뜨리게 마련이다. 짭짤한 수익확보와 꾸준한 시장성장을 위해선 부작용과 오해·착각을 최소화할 필요가 있다.

ETF의 명품구조 '잘 안 뒤 실천해야 승률 쑥쑥 '

그러자면 먼저 알아야 한다. ETF를 속속들이 정복한 다음 본격적인 투자활동에 동참하는 게 바람직하다. 성공적인 ETF투자를 위해 꼭 알아야 할 몇 가지 기본지식과 상품구조, 매매방법 등을 먼저 알아보자. 실전투자 때 온갖 형태로 부딪히는 전문용어와 관련된 해석은 다음 꼭지에서 보다 자세하게 다룰 예정이다. 여기선 ETF의 기초지식과 관련된 밑그림을 그려보도록 하자.

우선 ETF의 특징부터 다시 한 번 정리할 필요가 있다. ETF는 거래소에 상장돼 일반주식처럼 거래된다. 개인투자자 입장에선 소액으로 시장(인덱스)바스켓을 보유·매매하는 효과를 누릴 수 있다.

요컨대 탁월한 분산투자, 저렴한 브수체계(거래세 면제), 실시간 거래가능, 투명한 운용시스템, 짭짤한 현금배당 등을 무기로 비교적 낮은 위험으로 자산배분의 효율성은 높이는 반면, 펀드선택의 어려움은 낮출 수 있다.

먼저 시장부터 알아보자. ETF는 일반펀드와 달리 거래되는 시장이 발행시장과 유통시장으로 나뉜다 발행시장은 운용사와 지정판매회사(AP)가 주로 거래하는 시장이다. 지정판매사란 운용사가 사전에 복수로 지정한 일정기준을 충족하는 증권사다. 지정판매사는 ETF의 설정 및 환매, 시장유동성 제고 등의 업무를 수행하는데 차익거래를 통한 시장조성 역시 유동성을 높여 투자자들의 거래를 용이하게 하는 역할을 한다.

유통시장은 개인 및 기관투자자들이 일반 주식과 같은 방법으로 매매하는 시장이다. 우리가 일반적으로 ETF를 매수하거나 매도한다면 이는 유통시장을 말하는 것이다.

ETF의 구분법은 간단하다. 어떤 주식이 어떤 비중으로 ETF에 들어있는가를 알면 범주를 정할 수 있다. 해당주식의 가중치가 고정할당인지 혹은 시가총액 비례할당인지도 알아두는 게 좋다. 한국의 경우 여전히 시가총액 비례할당 형태가 많지만, 선진국은 고객요청·시장니즈에 따라 원하는 형태의 ETF를 자유롭게 설정하고 있기 때문이다. 조만간 한국도 이 추세를 따를 전망이다.

최근 국내에 출시된 주식선물 ETF 2개의 주식할당 방법도 다르다. 이것 역시 ETF시장의 진화를 독려하는 계기가 된다. 기존의 분류기준과 가중방식과는 전혀 다른 형태의 신형 ETF가 속속 출시되고 있어서다. 자본시장통합법의 시행에 따라 기초자산의 종류자체도 확대될 가능성이 높다.

운용방식은 어떨까. ETF는 펀드지만, 매매방법은 직접투자에 가깝다. 적립식펀드라면 한번 가입으로 투자가 이뤄지지만, ETF는 본인계좌에 돈을 넣은 뒤 자기가 직접 HTS를 띄워 종목과 가격·수량을 직접 입력해야 매매가 이뤄진다.

가격결정도 다르다. 보통 펀드라면 기준가가 다음날이나 그다음날(주문 시간대별로 차이)로 정해지지만, ETF는 매매체결과 동시에 그 자리에서 가격(기준가)이 확정된다. 결국 ETF는 주기적인 모니터링이 필요한 귀찮은(?) 자산이다.

ETF는 직접 주식투자 때와 동일한 방법으로 매매할 수 있다. 투자자 편의도모를 위해 증시제도를 그대로 준용했기 때문이다. 매매시간은 오전 9시부터 오후 3시까지이며 시간외시장도 형성된다. 매매수량은 1주 단위이고, 가격제한폭도 상하 15%다. 주문

☑ ETF 설정과 환매구조

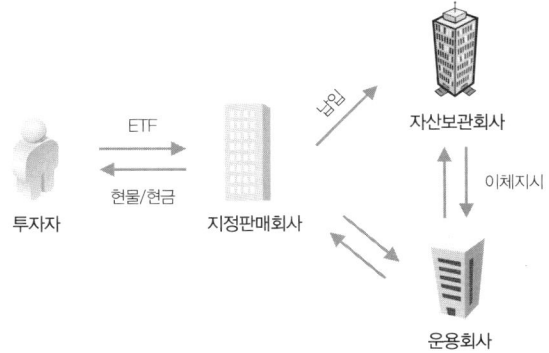

• 자료 : 증권선물거래소

종류는 지정가 · 시장가 · 조건부지정가 등 주식투자 때와 동일하다. 다만 증시와 달리 직전가 이하의 공매도 주문은 허용된다.

따라서 ETF는 신종상품이지만 맘만 먹으면 누구든 거래할 수 있다. 흔히 지정판매회사에서만 투자가 가능하다고 생각하지만, 실제로는 그렇잖다. 투자자가 거래를 튼 증권사만 있다면 그 계좌를 통해 매매가 가능하다. 주식 직접매매와 똑같다. 일반적인 펀드처럼 특정증권사 · 은행이 독점 · 과점해 상품을 팔지는 않는다. 또 상장이 폐지돼도 청산비용을 뺀 나머지는 투자자에게 되돌려준다.

ETF의 최소 매매단위는 1주다. 거래소는 10주, 코스닥은 1주 단위로 매매토록 한 직접투자 때보다 진입장벽이 낮다. 거래소의 경우 5만원 이상일 때만 1주씩 매매할 수 있어 소액투자자라면 접근제한이 있는 게 사실이다(시간외 종가매매에선 가능).

하지만 ETF는 주당가격이 1만원 미만도 적잖아 소액으로도 얼마든 알짜주식을 폭넓게 보유할 수 있다. 특히 주식선물 ETF의 경우 계약크기가 억대를 웃도는 선물거래와 비교해 저가매매가 가능하단 점이 장점으로 꼽힌다. ETF의 시장가격은 추적지수에 1~100배를 곱해 결정된다.

〰️ 주식 직접매매와 거래방식 동일 '다만 세부는 달라'

ETF의 최대장점 중 하나인 비용메리트도 꼼꼼히 살펴볼 필요가 있다. ETF는 연간보수가 액티브펀드는 물론 인덱스펀드보다 낮다. 0.23~0.66%에 불과하다. 보수는 한꺼번에 떼지 않는다. 보유 기간이 얼마든 연간보수는 나누기(÷) 365일로 계산돼 차감된다.

주식 직접매매와 동일한 형태로 거래되지만, 거래비용은 또 다르다. 주식이 매매수수료에 거래세까지 부과되는 것에 비해 ETF는 증권사 매매수수료만 내면 된다. 즉 매도 때 0.3%의 거래세를 아낄 수 있다.

매매수수료는 증권사마다 천차만별이다. 증권사 창구주문이 전화주문보다 비싸고, 이는 또 HTS주문 때보다 더 비싼 게 보통이다. HTS를 기준으로 한다면 가장 싼 곳은 0.015%부터 비싼 곳은 0.3% 수준의 매매수수료가 부과된다. 이밖에 매매금액별 정액수수료를 설정한 곳도 있다. 매매수수료는 주문 때 계좌에서 자동으로 차감돼 빠져나간다. 환매수수료는 없다.

동시에 보유주식에서 배당이 발생하면 분배금이란 명목으로 ETF투자자들에게 현금수익을 되돌려준다. ETF는 원칙상 1년에 4회, 즉 분기별로 배당 받은 금액을 그 다음 달에 투자자 계좌에 쐬주도록 돼있다. 일례로 회계연도 마무리 때인 1분기 주총에서 결정된 배당금은 4월에 ETF에 보내지고, ETF 운용사는 이 돈을 5월 즈음에 분배해준다. 최근 주주중시 경영이 강화되면서 배당성향이 높아지고 있어 ETF투자자로선 고무적이다.

ETF는 개념도 개념이지만, 이름이 너무 복잡하고 어렵다. 그렇잖아도 전문용어가 난무해 시장대중화에 걸림돌로 작용하는데, 상품이름까지 적잖이 전문적이다. 아마추어라면 암호 같은 명칭에 겁부터 낼 일이다.

하지만 알고 보면 의외로 단순하고 솔직한 게 ETF의 상품명이다. 결론적으로 말하면 운용사마다 영어식 고유명사가 앞에 붙는다. KODEX(삼성투신운용), KOSEF(우리CS자산운용), TIGER(미래에셋자산운용) 등이다. 어떤 ETF든 운용사 영어명칭이 먼저다. 그다음 붙는 게 추종하는 지수명이다. 추적지수만 알면 이름만으로 ETF의 기본성격을 짐작할 수 있는 이유다.

더불어 다음 꼭지에서 자세히 다룰 전문용어에 대한 인식도 본격투자에 앞서 확인해둘 필요가 있다. ETF 역시 아는 만큼 투자성과에 도움이 되기 때문이다. ETF의 경우 일반적인 펀드에 비해 시장의 투명성 확보와 거래편의를 도모하기 위한 중요정보가 비교적 폭넓게 제공된다.

일례로 ETF 설정에 필요한 현물 주식바스켓 내역을 비롯해 순자산가치(NAV), 대상지수 구성내역, 추적오차율(대상주가지수-순자산가치), 기말 운용보고서 등이 그렇다. 이런 정보는 거래소나 해당운용사 홈페이지, 증권전산(KOSCOM) 단말기 등에서 실시간으로 확인할 수 있다.

복잡하지만 단순한 용어 '아는 만큼 번다'

물론 ETF가 만능자산일 수는 없다. 길게 봤을 때 우상향(↗)의 증시역사나 과거경험을 봤을 때 액티브펀드보다 기대수익이 높은 건 사실이지만, 반드시 플러스수익을 낸다고 확언할 수는 없다. 평균적으로 봤을 때 장기투자일 경우 확률이 높을 뿐 시장이 떨어지거나 추종지수가 힘을 받지 못하면 손실을 입을 수도 있

☑ ETF 관련 정보제공 주요사이트

구분	사이트
증권선물거래소	http://sm.krx.co.kr/webkor/market/market_index.jsp
삼성투신운용	http://www.etfs.co.kr
우리CS자산운용	http://www.kosef.co.kr
미래에셋맵스	http://mapsim.miraeasset.com
기타	증권사 웹사이트

다. 즉 ETF도 기본적으로 위험하다. 주식이란 위험자산을 편입하기 때문이다. 맹신은 그래서 금물이다.

더불어 과욕을 경계해야 함은 당연하다. 몇몇 투자자들은 ETF의 장점만 보고 '저위험 · 고수익'이 가능할 것으로 생각한다. 물론 다른 자산보다 위험이 적고 기대수익이 짭짤한 건 사실이지만, 앞서 살펴봤듯 '무조건'은 아니다.

속 편하게 투자하려면 더도 말고 덜도 말고 딱 시장평균만큼만 먹겠다는 초식동물적인 접근이 바람직하다. 그나마 장기투자의 대전제를 반드시 지켰을 때 얘기다.

🖊️➡️🖋️ ETF 가격결정

추적지수에 일정배율 곱하기…
주당 2,000원대부터 3만원까지 다양해

ETF는 순자산가치(NAV)가 존재한다. 따라서 ETF 가격은 ETF 1주당 순자산가치와 결국 비슷하게 형성된다. 문제는 지수와 순자산가치를 어떻게 연결시키느냐다. 이를 위해 운용사는 ETF 1주당 순자산가치를 ETF 추적지수에 일정배율을 곱한 값이 되도록 설계한다. 즉 ETF 가격은 '추적지수×일정배율'로 결정된다. 가령 KODEX 200은 KOSPI200지수에 대한 배율이 100배다. 때문에 현재 지수가 180.00이라면 ETF 1주 가격은 '지수×100'인 1만8,000원 부근에서 정해진다.

☑ ETF별 지수에 대한 가격배율

종목명	추적지수	배율 (배)	종목명	추적지수	배율 (배)
KODEX 200	KOSPI200	100	KODEX 반도체	KRX Semicon	10
KOSEF 200	OSPI200	100	TIGER 반도체	KRX Semicon	10
KODEX KRX 100	KRX100	1	KOSEF IT	KRX IT	10
TIGER KRX 100	KRX100	10	KODEX 은행	KRX Banks	10
KODEX 스타	스타지수	1	TIGER 은행	KRX Banks	10
KODEX 자동차	KRX Autos	10	KOSEF Banks	KRX Banks	10

• 자료 : 증권선물거래소

필수정복 관련용어
'단어만 알아도 절반의 성공'

'내 돈 돌리도!'

펀드투자자들이 뿔났다. 2008년 가을 금융쇼크로 주가폭락이 반복되자 은행창구 곳곳에서 깡통펀드 때문에 갈등이 불거지고 있다. 고객민원·분쟁도 급증세다. 1년여 전인 2007년엔 번호표까지 받아가며 펀드가입에 목을 매던 풍경과 180도 달라졌다. 금융시장만큼 순식간에 변심하는 곳도 없다는 말이 유감없이 증명됐다.

원인은 '불완전판매' 탓이다. 판매직원의 불충분한 상품설명·판매권유가 1차 원인이요, 분쟁의 씨앗이 됐다. 여기엔 이견이 없다. 돌이켜보건대 상담 때 가입자보다 판매자가 더 해매거나 식은땀을 흘리는 경우가 적잖았다.

그만큼 판매가 불완전했다. "한국경제가 망하지 않는 한 이 펀드는 깨질 수 없다"던 추천코멘트만 믿고 쌈짓돈을 투자했건만, 1년 후 피눈물을 흘릴지는 아무도 몰랐다.

다만 모든 책임을 판매·운용사에만 돌릴 수는 없다. 정도의 차이는 있을지언정 개인고객들의 실수와 오판도 일정부분 오늘의 분쟁을 키운 게 사실이다. 펀드처럼 실적배당 투자자산은 기본적으로 위험하다. 손실확률은 늘 존재한다.

이걸 몰랐다는 건 어불성설이다. 조금만 노력하면 다 알 수 있는 내용이다. 게다가 공짜점심은 없잖은가. 솔직하게는 알았지만 군중심리에 '설마' 했을 확률이 더 높다. 워낙 강세장이었으니 두려움보단 욕심이 먼저였을 것이다.

∿ 공짜점심 대신 상품정복부터 '전문용어 익혀라'

그렇다고 일단 팔아놓고 보자는 식의 마케팅에만 열을 올렸던 업계의 잘못이 누그러지진 않는다. 양날의 칼처럼 기대감과 위기감을 똑같이 설명했어야 했다. 하기야 워낙 단기간에 과도한 관심이 집중되니 파는 직원도 잘 모르고, 사는 투자자도 'Go'만 외쳤을 수 있다. 공통점은 양측 모두 펀드의 본질에 눈을 감았다는 점이다. 몰라서 그랬을 수도, 알았지만 분위기 탓에 묻어갔을 확률도 높다.

이번 분쟁사태는 중요한 반면교사다. 또 다시 이런 우를 범해선 곤란하다. 지식·정보가 성공투자를 결정하는 전부는 아니다. 하지만 상당한 정(正)의 관계를 가진 변수는 분명하다. 안다고 이기진 않겠지만, 모르면 지는 건 맞다. 속지 않으려면 정복해야 한다.

더 중요한 건 내일의 기회포착이다. 오늘의 아픈 기억 때문에 훗날의 기회까지 포기하는 악수는 곤란하다. 실수는 할 수 있지만 반복해선 안 된다. 사이클을 반복하는 자산시장엔 떨어짐이 있으면 오름이 있다. 자숙하고 내일을 기약하는 현명함이 필요하다. 그러자면 실수에서 교훈을 얻어야 한다.

특히 명심하고 익혀야 할 게 금융시장을 지배하는 낯선 전문용어의 정복이다. 아마추어가 특정자산의 내부구조나 운용 메커니즘까지 속속들이 완벽하게 이해할 필요는 없다. 이해하면 좋겠지만, 대충만 알아도 무방하다. 그 대충의 출발점이 전문용어 이해다.

물론 웬만한 참을성 갖고는 금융시장의 전문용어를 이해하기란 쉽잖다. 알아듣기 쉬운 말로 바꾸기도 어렵다. 말을 바꾸는 과정에서 또 다른 의미전달의 과부족 사태가 펼쳐질 수 있어서다. 처음엔 어렵겠지만 반복·이해하려는 노력이 필수다. 초보라인만 넘으면 다음은 비교적 탄탄대로다. 최소한 전문용어 때문에 실수할 개연성은 낮출 수 있다.

ETF는 펀드지만 주식처럼 직접 매매된다. 인덱스펀드에서 한층 발전된 자산이다. 즉 펀드와 주식매매의 중간형태다. 그만큼 낯선 게 사실이다. 때문에 상품이해를 위한 새로운 전문용어가 적잖다. 게다가 투명한 운용구조 덕분에 관련정보의 실시간 파악이 가능하고, 또 충분히 오픈돼 있다. 정보가 없어 투자하기 힘들다는 말은 틀렸다. 정보를 얼마나 이해하느냐가 관건일 뿐이다.

　지금부터 ETF 매매를 위해 꼭 알아둬야 할 몇 가지 전문용어를 살펴보자. 대개는 서로 연결된 개념이기 때문에 하나만 잘 이해하면 자연스레 사고확장이 가능하다.

〰 중요개념 'NAV vs 시장가격, 추적오차 vs 괴리율'

■ **NAV(Net Asset Value)** = ETF의 총자산이다. 순자산가치로도 불린다. 주식, 현금, 배당, 이자소득 등을 모두 포함한다. 즉 ETF에 편입된 주식들의 현재가격을 반영한 전체가치를 뜻한다. NAV는 장 종료 후 운용사가 산출해 공시하는데, 추정NAV는 전일 펀드 자산의 구성내역을 기초로 거래소가 실시간(매 10초 간격)으로 산출·공시한다.

　개인투자자들은 NAV와 시장(거래)가격을 참고, 거래기준을 정하고 매매하면 된다. 대체로 ETF의 시장가격은 주당NAV 근처에서 형성된다. 다만 시장참가자들의 심리변화에 따라 시장가격이 NAV를 웃돌거나(고평가), 떨어지는(저평가) 수준에서 결정되기도 한다. 주당 NAV는 NAV를 총발행 ETF 증권수로 나눠 산출한다.

■ **기준가격(이론가격)** = ETF의 추적대상이 되는 지수를 기준으로 한 가격이다. 투자자들이 거래하기 편리한 주당가격이 되도록 해당지수에 승수(Multiplier)를 곱해 산출된다. NAV와 지수를 임

의로 연결시켜 가격화한 셈이다. 즉 ETF 가격은 '추적지수×일정배율'로 결정된다. 가령 KODEX 200은 KOSPI200지수에 대한 배율이 100배다. 때문에 현재 지수가 180.00이라면 ETF 1주 가격은 '지수×100'인 1만8,000원 부근에서 정해진다. 배율은 ETF마다 다르다.

■ **추적오차**(Tracking Error) = ETF 등 인덱스펀드 계열에선 반드시 등장하는 개념이다. 한 마디로 벤치마킹이자 추적지수의 음직임과 실제 펀드의 운용결과 사이의 갭을 추적오차라고 한다. ETF가 추적하는 대상지수와 실제 ETF가 보유 · 운용하는 주식바스켓간의 수익률 차이다.

이 차이는 펀드의 대상지수에 속하는 전체종목을 다 편입하지 않거나(부분복제), 또는 바스켓 유지 · 보수비용, 현금배당 발생 등으로 주식바스켓과 실제 추종지수 사이에 정확한 등가관계가 성립하지 않을 경우 발생한다.

즉 떼인 비용 · 수수료만큼 ETF의 NAV가 추종지수보다 낮을 수밖에 없다. 다만 최근 운용사의 대차수익 덕분에 실질적으로 비용 때문에 생기는 괴리는 줄어들고 있다.

제일 유력한 추적오차 발생사유는 부분복제 때문이다. 이 경우 100% 지수추적이 불가능해서다. 물론 성과가 좋을 땐 NAV가 추적지수보다 더 높을 수도 있어 반드시 추적오차가 마이너스 차원에서 발생한다고 볼 수는 없다.

분배금으로 인한 추적오차도 가능하다. 분배금을 받은 뒤 나눠줄 때까지의 보유기간에 NAV가 추적오차보다 고평가될 수 있어서다. 해외ETF라면 거래시간의 시차문제 때문에 추적오차가 발생하기도 한다.

당연히 추적오차는 적을수록 좋은 ETF로 평가받는다. 원래 목표로 한 특정지수의 추종성과가 빼어날수록, 즉 목표를 달성했을수록 추적오차는 적기 때문이다. 지수등락(시장위험)이야 어쩔 수 없다지만, 추종지수와 달리 움직여 추적오차가 생겼다면 ETF로선 심각한 불명예일 수 있다. 이는 운용사의 목표달성 실패다.

■ **괴리율** = ETF 종가와 NAV의 차이다. ETF시장가격이 ETF의 순자산가치(NAV)를 얼마나 충실히 따라가고 있는지 나타내는 지표다. 애초의 설계대로 벤치마킹의 추종지수를 잘 따라가는 ETF일수록 괴리율은 낮다.

반면 괴리율이 벌어지면 LP사는 유동성공급자로서 호가(물량) 제시를 통해 격차를 낮추게 된다. 가령 호가가격 차이가 호가가격 단위의 10배를 초과하는 상태로 3분 이상 지속되면 이후 2분 안에 호가가격 단위의 10배 이내에서 평균회귀를 위해 반대호가를 제시하는 식이다. 이를 통해 개인투자자들은 실시간 NAV에 근접한 수준에서 ETF를 매매할 수 있다.

■ **CU(Creation Unit)** = ETF의 설정·해지가 이뤄지는 최소단위다. 발행시장에서 설정·환매 때 주식바스켓과 교환되는 ETF 증권블록의 최소 설정단위다. 즉 현물의 주식바스켓과 맞바꾸는 ETF의 최소 증권수량을 의미한다. 이는 설정·환매과정에서의 추적오차를 줄이고 단주발생을 방지하기 위한 개념이다.

CU의 크기는 운용사가 정하는데, 대개 단위가 크다. 1CU를 구성하는 ETF 주식숫자는 최소 1만5,000주부터 최대 20만주에 이른다. 가령 KODEX200의 1CU는 무려 10만주다. 금액으로 치면 15억원에 육박한다.

1CU가 이렇듯 큰 이유는 추종지수의 정확한 반영(추적오차↓)을 위해 일정금액 이상의 대규모로 포트폴리오를 구성해야 해서다. 기관투자가들이 설정을 통해 ETF를 시장에 뿌리면 개인투자자들은 이 ETF의 주권을 소액으로 매매하는 식이다. ETF의 발행단위는 1CU의 정배수로 운용사마다 다르다.

■ **PDF**(Portfolio Deposit File) = ETF 구성종목을 의미한다. ETF의 1CU를 구성하는 종목명단과 각 종목의 주식숫자, 원화현금(배당상당액 등)이 기록된 파일이다. ETF 설정·환매를 위한 주식바스켓의 내역을 뜻한다.

운용사는 ETF 포트폴리오의 최소단위인 1CU의 구성내역을 매일 공표한다. 설정과 해지를 원하는 투자자는 이 포트폴리오의 구성내역을 참고해 투자결정을 내리게 된다. PDF는 ETF의 투명성을 높이는 요소 중 하나다. 1CU는 1PDF와 같다. 운용사 홈페이지에 방문, ETF의 PDF를 클릭하면 자세히 알 수 있다.

■ **설정**(Creation) = 설정·환매와 매매는 다르다. 설정·환매가 기관투자가 주도의 발행시장 몫이라면, 개인투자자들의 ETF매매는 유통시장에 한정된다. ETF가 펀드이긴 하지만, 직접매매로 거래되기 때문이다.

따라서 ETF의 설정(환매포함)은 발행시장에서 이뤄진다. 흔히 펀드라면 설정 때 돈을 넣은 뒤, 이 돈으로 운용사가 주식을 사들여 수익증권을 발행한다. 하지만 ETF는 시장지수를 구성하는 특정 주식그룹(바스켓)을 납부해야 증권이 발행된다. 지정판매회사를 통해 주식바스켓과 배당 상당액에 해당하는 소액의 현금을 납입(CU단위)하고 ETF 설정을 신청하는 형태다.

현금을 납입한 경우 지정판매회사는 기관투자가를 대신해 시장에서 해당주식을 매입, 주식바스켓을 구성할 수도 있다. 지정판매회사는 주식바스켓(CU)을 구성해 자산보관기관에 납입하고 운용사에 ETF 발행을 청구한다. 운용사는 자산보관기관에 주식바스켓 납입을 확인한 후 ETF를 발행하고 발행된 ETF는 투자자 계좌에 입고된다.

이때 ETF의 현물납입은 설정·환매 때 실제주식의 매매가 수반되는 보통의 펀드에 비해 운용비용을 절감시킨다. 바스켓만 오갈뿐 실제 주식매매는 이뤄지지 않기 때문이다.

개인투자자들은 이렇게 설정된 ETF를 유통시장에서 살 수 있다. 1CU의 기본금액이 워낙 거액이라 기관투자가들이 만들어 상장시킨 ETF의 주권을 1주 단위로 매매하는 식이다. 소액으로 ETF매매가 가능한 배경이다.

■ **환매**(Redemption) = 기관투자가가 ETF 설정 후 받은 CU(주식블록)를 지정판매회사에 반납하고 현물 주식바스켓과 소액의 현금을 되돌려 받는 것이 환매다. 이 결과 설정이든 환매든 펀드규모 증감에 따라 상장된 ETF숫자도 변할 수밖에 없다. 즉 환매는 설

정의 반대경로와 일치한다. 보통 펀드는 현금으로 설정과 해지가 이뤄진다.

하지만 ETF는 운용사가 공표하는 당일의 포트폴리오 구성내역에 따라 현물해지(설정)가 이뤄진다. 역시 ETF의 순자산가치가 지수를 최대한 정확하게 추적하도록 하기 위해서다. 환매라 해도 보유 포트폴리오의 직접매도는 없기 때문에 저렴한 비용으로 '펀드가치 = 지수'를 추구할 수 있다.

한편 개인투자자 차원의 환매는 곧 매도다. 이때 일반 펀드와 달리 환매수수료는 없다.

■ AP(Authorized Participant) = 지정판매회사다. ETF의 설정과 해지를 대행하는 증권사를 의미한다. 기관투자자의 ETF 설정과 해지 요청에 따라 PDF에 해당하는 주식을 한꺼번에 매매해야 하는 까닭에 바스켓주문(종목·물량이 합쳐진 복합주문)을 원활히 처리할 수 있는 역량을 확보한 유력 증권사로 선정된다. LP와 달리 AP는 ETF의 추가설정과 환매를 담당한다. 즉 기관투자자들의 ETF 설정과 환매가 AP를 창구로 이뤄지는 셈이다.

■ LP(Liquidity Provider) = 유동성공급자다. AP 증권사 중 ETF의 시장유동성을 확보하는 역할까지 겸한 곳을 지칭한다. ETF시장에선 원활한 시장매매를 확보하기 위한 유동성공급이 중요한 투자변수다. 상품은 있는데 거래가 안 되면 곤란해서다.

개별 ETF의 LP사는 시장에서 형성되는 ETF 가격에서 일정범위의 호가 안에 매수·매도물량을 적절히 공급함으로써 개인투

☑ ETF시장 주요참가자 역할규정

시장참가자	주요역할
증권선물거래소	─ 상장·매매규정의 제·개정 ─ ETF시장개설 및 관리 ─ 대상지수 공표 및 실시간 NAV 공시
운용사	─ ETF의 법적주체 ─ 지수추적 위한 펀드자산(주식바스켓) 설계 및 구성종목 교체 ─ PDF(Portfolio Deposit File) 검토, 조정 및 공시
지정판매사(AP, 증권사)	─ ETF의 설정 및 환매신청 창구 ─ 주식바스켓(CU) 구성의무 ─ ETF와 현물주식 시장간 차익거래 수행 ─ 유동성공급자(liquidity provider) 역할수행(계약체결기관에 한해) ─ ETF의 매매주문 창구
판매증권사	─ 투자자 모집 ─ 설정·환매신청 접수 및 전달 ─ ETF의 매매주문 창구

일반사무수탁회사	─ ETF 사무처리를 위한 운용사 대행
	  • NAV 계산
	  • ETF 설정·환매 정산금액 산출

자산보관회사	─ 펀드자산(현물주식)의 보관 및 관리
명의개서 대행기관	─ 발행 및 주주명부관리 등 주식관련 사무대행
증권예탁결제원	─ ETF 설정·환매 관리시스템 운용 ─ ETF 설정·환매를 위한 계좌간 대체 ─ ETF의 예탁결제, 분배금지급 및 권리행사
투자자	─ ETF 매매(개인 및 기관투자자) ─ ETF 설정 및 환매(기관투자자) ─ 차익거래(기관투자자)

• 자료 : 〈ETF 투자가이드〉, 증권선물거래소

자자들의 ETF 매매를 돕게 된다. 주식으로 따지면 일종의 시장조
성자(Market Maker) 역할이다.

 LP사들이 유동성을 적재적시에 공급해주지 않으면 ETF의 원활

한 매매는 어려워진다. 앞서 살펴봤듯 ETF는 여러 이유로 NAV와 시장가격이 벌어지게 된다. 이는 ETF 매매 때 적절하지 못한 가치평가를 야기해 결과적으로 신뢰를 떨어뜨린다. 자칫 유동성 부족 때문에 상장폐지가 될 수도 있다.

따라서 LP사는 개인투자자들의 시장참가가 가능하도록 NAV와 시장가격의 괴리를 적절히 유지해줄 의무를 진다. 보유 중인 유동성을 적절히 풀거나 거둬들여 가치와 가격이 거의 일치되도록 돕는 역할이다.

🖊🔄🔧 ETF 운용사의 주요업무

정확한 수익률 추적 위해 …
'비중조정 · 분배금처리 등 역할'

ETF도 펀드다. 인덱스펀드의 약점인 매매기능을 강화한 파생적 펀드다. 따라서 운용을 담당하는 펀드매니저가 존재하며, 회사도 기능한다. 운용사다. 다른 펀드자산에 비해 상대적으로 저렴하긴 하지만 운용보수를 지불하는 이유다. 액티브펀드처럼 운용주체의 개입정도나 기여도가 적고 낮을 뿐이다.

그렇다면 ETF 운용사의 주요업무는 뭘까. 일단 세 가지로 압축할 수 있다. 우선 추종대상인 벤치마크를 정확히 따라가도록 포트폴리오를 짜는 업무가 핵심이다. 지수변화에 따른 대처와 배당 등 분배금을 처리하는 것도 운용사 업무다. 주식대여를 통해 결과적으로 보수규모를 줄이는(상쇄) 일도 운용사가 맡아 처리한다.

▶ **지수추종 위한 포트폴리오 구성** = 운용사는 ETF의 포트폴리오(펀드 구성내역) 운용방법을 결정 · 구성한다. 포트폴리오 운용방법으로는 완전복제(Full-replication)와 최적화 방법(Optimization)이 있다. 완전복제는 지수구성 종목을 지수비중에 따라 편입한다. 완전복제로 가장 정확하게 수익률 추적이 가능해진다. 하지만 운용보수가 빠져 결과적으로 ETF 수익률이 그만큼 떨어지게 된다.

최적화는 좀 임의적이다. 비중별로 종목구성을 하지 않는다. KOSPI200지수를 추종한다 해도 200개를 전부 보유하지 않고, 그 숫자를 줄여 최적화된 상황에서 수익률 추적을 시도한다. 보유비중이 다르기 때문에 추종지수와 수익률 차이가 날 수밖에 없어 최종 성과가 다소 유동적이다. 각 운용사는 가장 합리적인 최적화 조건을 위해 다양한 계량모델과 공학시스템을 적극 활용한다.

▶ **지수변화 대처와 분배금 처리** = ETF의 포트폴리오는 유동적이다. 정기 혹은 수시로 구성종목과 보유비중을 바꾼다. 개별종목의 특정변화(증자, 감자, 신규상장, 합병, 분할, 폐지 등)에 따라 구성종목의 보유비중과 거래여부는 달라질 수밖에 없다. 최초 설정 뒤 그대로 두면 이런 변화를 제때 반영할 수 없게 된다. 상황별로 ETF의 포트폴리오를 수정해야 지수추적도 효과적으로 달성할 수 있기 때문이다.

기업이 주주에게 지급하는 배당(분배)금 처리도 운용사 몫이다. 최근 주주가치 우선주의가 폭넓게 확산되면서 배당을 실시하는 기업이 급증했다. 특히 상당수의 ETF가 우량주 위주로 구성된 주가지수를 바탕으로 만들어졌다는 점에서 배당의 중요성은 간과할 수 없다. 분배금으로 불리는 이 수익을 특정기간 동안 모아 어떤 방법으로 분배해 주주(투자자)들에게 나눌지 운용사가 결정한다.

▶ **주식대여를 통한 보수상쇄** = ETF는 일반적인 주식형펀드와 달리 기초자산이 되는 특정지수를 충실히 따르도록 설계된 펀드다. 기본적으로 추적지수란 게 큰 변화가 없기 때문에 ETF의 보유주식은 매매빈도나 회전율이 아주 낮다. 보유종목의 교체 · 조정 필요성이 별로 없다는 얘기다. 자연스레 장기보유로 갈 수밖에 없는 구조다.

보유만 해도 괜찮지만, 보유한 걸 활용해 부가가치를 창출할 수 있다면 그것도 좋다. 주식대여다. 실제로 ETF가 갖고 있는 주식을 빌려주고 수수료를 받는 경우가 많다. 증권예탁결제원을 거쳐 기관투자자들에게 주로 대여된다. 이때 대략 연 0.1~4%의 수수료를 받는다. 이는 고스란히 ETF의 수익이다. 운용사는 이 수익을 활용해

ETF에 부과되는 운용보수를 낮출 수 있다. 투자자 입장에선 어쨌든 플러스 요소다.

• 자료참고 : www.etfs.co.kr(삼성투신운용)

경계대상 부작용
'기회와 위기는 백짓장 차이'

아름다운 장미엔 날카로운 가시가 있는 법이다. 많은 장점으로 무장한 ETF에도 피할 수 없는 단점이 있다. 미국에선 단기 급성장을 반복한 ETF시장에 경고의 목소리도 서서히 제기되고 있다. 성장세가 지나쳐 ETF버블이 예상된다는 뉴스까지 있다.

특히 새롭게 쏟아지고 있는 신형·틈새ETF의 경우 강조되는 매력만큼 숨어있는 리스크가 크다고 지적한다. 문제의 심각성은 대부분의 개미군단이 그 리스크를 정확하게 인지하지 못하다는 데 있다. 부지불식간에 위험의 싹이 트고 있다는 얘기다.

실제로 ETF는 충분히 매력적이다. 하지만 아닐 수도 있다. ETF는 결코 모든 투자자들에게 수익을 안겨주는 만능열쇠가 아니다. 주도면밀한 조사·분석 후 우량 ETF를 싼 값에 잘 골라잡았어도 애초의 기대와 달리 손실을 볼 수도 있다.

이런 점에서 ETF는 안전자산이 아닌 위험자산이다. 그것도 상시적 가격 하락리스크를 지닌 상품이다. 은행상품처럼 원금보장 혹은 시중금리+α란 개념은 애초부터 없다. 그나마 안전성을 높였을 뿐 하락리스크를 완벽히 제거할 수는 없기 때문이다.

지금부터 ETF가 지닌 태생적 혹은 운용상황적 리스크를 다각도로 살펴보자. 이들 하락 리스크를 제대로 이해한 뒤에 ETF와 만나도 결코 늦지 않기 때문이다. 기회와 위기는 백짓장 차이란 점을 명심하자.

● 시장위험 '추격지수가 떨어지면 모든 게 무용지물'

주식시장엔 두 가지 위험이 있다. 전문용어로 체계적 위험과 비체계적 위험이다. 체계적 위험이란 정부정책, 경기침체, 불황심리 등 시장외부의 경제적 변수 때문에 증시전체가 하락리스크에 빠지는 걸 뜻한다.

제아무리 분산투자를 꾀했어도 시장전체가 모두 하락한다는 점에서 분산불능 위험(분산투자 효과희박)으로도 불린다. 날고 긴다는 투자고수들도 체계적 위험만큼은 피할 수 없다. 2008년 가을 세계 금융시장을 뒤흔든 쇼크 탓에 글로벌증시가 동시다발적으로 동반 하락한 게 대표적이다.

반면 비체계적 위험이란 특정한 개별기업만 지니는 위험을 의미한다. 실적하락, 노사분규, 경영진변동, 법적소송, 공장사고 등 특정기업이 직면한 상황변동에서 오는 투자위험을 말한다. 기업

고유의 문제(개별종목 위험)로 시장전체와는 무관한 내용들이다.

때문에 비체계적 위험은 충분한 분산투자로 일정부분 리스크를 회피할 수 있다. 즉 분산가능 위험이다. 계란을 한 바구니에 담지 말라는 격언과 일맥상통한다.

위험을 싫어하는 보수적인 투자자는 비체계적 위험을 피하는 데 투자포커스를 둔다. 그래서 비체계적인 위험이 거의 없는 우량주나 혹은 확실한 위험회피 재료(호재)를 지닌 알짜종목에만 투자한다.

그래도 물론 위험은 존재한다. 이 위험조차 싫다면 시장전체를 사들여 비체계적 위험자체를 버리면 된다. 그래서 등장한 게 인덱스펀드다.

반대로 적극적인 투자자는 비체계적 위험을 지닌 개별종목의 주가흐름을 오히려 즐긴다. 등락할수록 짜릿한 손맛이 있어서다.

같은 맥락에서 ETF는 비체계적 위험이 거의 없다. 체계적 및 비체계적 위험에 그대로 노출된 개별종목에 비하면 위험이 상대적으로 적다는 얘기다. 있긴 하지만 체계적 위험에 비하면 노출정도가 훨씬 덜하다. 뒤에서 알아볼 신용 하락리스크(체계적 위험)다.

게다가 외부요인에 의해 시장전체가 동시에 떨어지는 체계적 위험은 사실상 누구도 피할 수 없다. 이런 점에서 ETF의 위험은 적잖이 제한돼 있다. 추적지수인 시장전체(혹은 특정그룹)가 떨어지지 않는 한 손실확률이 컨트롤되기 때문이다.

이쯤에서 장기투자 당위성을 알아보자. 장기투자를 권하는 이는 많다. 이유도 많다. 긴 호흡으로 장기보유하면 단기등락의 휘둘림 없이 역사적 경험(장기 우상향)에서 기인되는 시세차익과 함께 복리효과를 누릴 수 있다는 근거에서다.

하지만 장기로 투자해도 생각만큼 수익이 짭짤하지 않을 수도 있다. 시장폭락이란 체계적 위험에 노출됐을 경우다. 몇 년간 올랐던 지수가 단기간에 고꾸라지면 장기투자의 당위론은 고민스러울 수밖에 없다.

물론 그래도 정답은 장기투자다. 그 위기를 넘어 더 길게 보유하면 일시적인 체계적 위험은 충분히 커버할 수 있기 때문이다.

● 유동성 리스크 '물량 없어 거래 안 될 수도'

ETF엔 다른 투자자산에선 그다지 찾기 힘든 위험이 있다. ETF 만의 태생적 한계이자 극복대상인 유동성 위험이다. 즉 시장에 공급된 유동성에 제한이 있어 거래가 활발하지 않을 수 있다는 딜레마다. 물량문제 때문에 팔고 싶어도 못 팔고, 사고 싶을 때 못 산다면 투자자 입장에선 짜증이 날 수밖에 없다. 이는 2~3년 전까지 개인투자자들이 ETF시장에 거리감을 둔 이유 중 하나다.

ETF는 업력 6년째의 초기시장이다. 아직은 일부만의 시장에 머물고 있다. 몇몇 인기 ETF를 빼면 순자산액이나 거래량이 부족할 수밖에 없다. 일부 ETF는 극심한 거래부진을 호소하기도 한다. 그래서 ETF시장엔 일반주식과 달리 거래가 막혔거나 원활하지 않을 때 유동성을 공급해주는 LP(유동성공급자)가 있다. 2개 이상의 지정판매사 중 한곳을 유동성공급자로 정해 원활한 거래를 돕는 식이다.

즉 ETF는 펀드지만 개별주식 거래시스템을 준용한다. 따라서 팔고 싶을 때 매수자가 없으면 환매에 장애가 생길 수 있다. 보통의 펀드라면 환매신청 후 정산한 돈을 돌려받으면 그만이다.

하지만 ETF는 실시간으로 매매되고, 그 자체의 수급상황이 시세변동에 영향을 주기도 한다. 거래량이 적으면 추적지수와 동일한 가격에 매매되지 않을 수 있어서다. 소량의 주문으로 가격이 급등락하기도 한다.

ETF의 경우 연간 월평균 거래량이 10만주 미만이거나 설정액이 50억원 미만으로 떨어지면 상장이 폐지될 수 있다. 또한 아직은 일반주식처럼 거래량이 많지 않아 원하는 시기에 원하는 가격대로 매매하기가 쉽지도 않다. 현금화가 어렵다는 의미다. 특히 거래량이 적으면 신속한 환매가 불가능하고, 수급불균형으로 환금성까지 떨어지면 손해를 볼 수도 있다. 국내에서 ETF가 아직은 활발하지 않은 배경이다.

이런 이유로 초기엔 거래량 부족으로 상장 폐지된 ETF도 나왔다. 하지만 지금 상황에서 봤을 때 ETF의 상장폐지 가능성은 극히 낮다. 주식투자 때 상장폐지는 현금화의 불능을 뜻한다. 주식이 휴지조각이 돼서다.

하지만 ETF는 상장이 폐지돼도 보유자산 중 청산비용을 뺀 금액을 투자자들에게 되돌려준다. ETF가 보유 중인 모든 개별종목이 일시에 파산하지 않는 한 돈을 날릴 일은 없다. 게다가 유동성 공급도 최근엔 개선됐다.

물론 처음엔 ETF의 유동성 문제가 적잖은 대형이슈였다. 부족한 물량을 보태주는 LP를 비롯한 기관투자가들의 외면 때문이다. ETF가 활발히 매매되지 않으니 유동성 함정에 빠지는 것이다. 원래 LP사는 거래량이 맞지 않을 때 적극 개입해 적정가격 (NAV에 근접한)에 매매되도록 거들어주는 역할을 한다. 그런데 LP사들이 그때그때 숨통을 터주지 않아 가격왜곡이 생기고, 거래마저 경직시키는 사례가 왕왕 있었다.

따라서 LP사를 통한 유동성 공급이 원활한 ETF를 골라야 문제의 소지를 줄일 수 있다. 고객입장에서 물량부족 없이 거래할 수 있기 때문이다. 단순히 거래량 공급도 중요하지만, 시장조성의 능력과 의지도 결정적이다. 무의미한 호가제시와 자전매매로 실질적인 도움을 주지 않을 수도 있어서다. 이른바 LP의 활동성이다.

이도저도 아니면 유동성이 충분한 종목에만 손을 대는 것도 좋다. 거래량이 일정부분 확보된 인기 있는 ETF에 한정할 경우 유동성 부족문제는 그다지 발생하지 않기 때문이다.

유동성 공급은 LP사를 포함한 기관투자가들 입장에서도 나쁠게 없다. 차익거래를 통해 수익을 낼 수 있기 때문이다. 가령 현·선물 차익거래 때 세금회피(거래세 0.3%)를 위해 현물 대신 ETF를 활용하는 식이다. 현·선물거래란 저평가된 현물(바스켓)을 매수, 고평가된 선물(KOSPI200)을 매도한 뒤 가격이 반대로 움직이면 현물을 팔고 선물을 사 이익을 얻는 매매형태다. 리스크가 거의 없어 무위험 차익거래로 불린다. 이들 큰손들의 활발한 ETF 매매는 차익확보와 함께 가격변동을 완화시켜준다.

다만 최근 유동성 문제는 적잖이 개선됐다. 거래대금 회전율만 봐도 아주 활발해졌다. 스타일·해외 ETF 등 다양한 상품등장과 거래세 면제 및 효율적 분산투자 상품으로서의 장점이 부각된 결과다.

특히 유동성공급자 거래분인 증권사 거래비중을 제외해도 유동성이 상당히 활발해져 실질적인 수요자의 거래가 대폭 증가했다. LP사는 장중에 매수·매도 호가 스프레드가 50원 이상 확대되지 않도록 유동성(공급호가)을 의무 공급해야 한다. 이 결과 앞으론 거래량이 큰 장벽은 아닐 것으로 평가받는다.

● 신용 리스크 '믿었는데 편입종목 배신당할 수도'

가능성은 낮지만, ETF도 위험자산이기에 신용 리스크란 게 존재한다. 앞서 살펴본 ETF 편입대상인 개별종목의 비체계적 위험 때문이다. ETF에 편입된 종목의 경영 혹은 재무상황의 악화에 따라 원금손실이 가능하다는 얘기다.

또한 ETF의 분배금은 보유 중인 주식바스켓에서 발생하는 배당수익에 의존하기 때문에 배당이 적거나 없으면 기대했던 분배금 수익도 생각보다 적을 수 있다. 모두 합해 신용 리스크다.

ETF는 100% 완벽한 분산투자 상품은 아니다. 이론적으로 본다면 시장전체를 비율만큼 모두 편입하는 게 이상적인 분산투자다. 하지만 ETF는 시장의 단절된 특정부문만 지수화해 분산효과를 꾀하기 때문에 아무래도 위험이 존재할 수밖에 없다. 특히 시장전체가 아닌 섹터·스타일 등 틈새 ETF는 투자자들이 생각하는 것만큼 특정부문을 면밀하게 추적하지 못하는 게 현실이다.

가령 ETF가 주식 100개를 보유한다고 할 때 금액이 정액비율대로 100개에 투자되는 게 아니라 몇몇의 소수종목에 집중·편입됐을 수 있다. 예를 들어 시가총액 상위종목이나 업종대표주로 시장전체를 대표하는 움직임을 낼 수 있다는 의도다.

2008년 10월에 상장된 주식선물 ETF처럼 시가총액가중방식을 띨 건지, 혹은 가격가중방식을 택할 건지에 따라 가격흐름이 달라질 수 있다. 이때 우선해 높은 편입비중으로 사들인 종목이 체계적 위험에 빠졌을 때 ETF 가격은 필요이상 급락할 수 있다.

같은 맥락에서 추적오차도 ETF의 리스크 중 하나다. ETF는 추종지수와 동일하게 움직이도록 설계된 상품이다. 해당지수 움직임과 ETF 기준가격 변동률을 일치시키는 게 목표다. 그럼에도 불구, 양자가 늘 일치하진 않는다. 주식바스켓의 배당금 및 운용보수로 인한 금액증감과 펀드의 전체종목 불편입 등에 따른 추적오차 때문이다. 추적오차가 생기는 만큼 가격하락과 환금성의 제약을 받을 수 있다.

향후 경쟁적인 출시가 예상되는 복잡한 신종ETF는 추적오차 및 관련한 신용 리스크에 취약할 것으로 예상된다. 사실 단순한 게 제일 낫다. 시장전체를 단순하게 추종하는 ETF가 복잡하고 어렵게 설계·운용되는 것보다 유리할 수 있다. 복잡하단 건 그만큼 추적오차의 발생 가능성이 높고, 편입종목의 선택·조정도 필요이상 쏠릴 수 있어서다. 신용 리스크에 대한 노출증대다.

물론 이런 상품이 환상을 품어주기엔 제격이다. 업계도 고객확보를 위해 단순히 시장전체에 투자했을 때보다 $+\alpha$가 가능하단 걸 마케팅에 적극 활용한다. 하지만 많은 액티브펀드의 수익률 검증에서 알 수 있듯 시장전체가 아닌 일부만의 차별적인 종목구성은 ETF의 투자효율성을 훼손할 수 있다. 믿었는데 배신을 안 당하려면 시장전체를 사들이는 단순성의 원칙을 다시금 곱씹어 볼 일이다.

● 훼손확률 높은 저비용 메리트 '쌓이면 금방 폭삭'

혹자에겐 도약대가 또 다른 이에겐 왕왕 걸림돌로 작용한다. 같은 무기라도 누가 쓰느냐에 따라 결과가 달라지는 셈이다. ETF 투자메리트 중 돋보이는 것 중 하나는 저렴한 비용체계다. ETF는 펀드 중에선 가장 낮은 비용구조를 가졌다. 일반적인 액티브펀드는 물론 보수(수수료)부담이 적다는 인덱스펀드보다 더 싸다. 펀드매니저의 개입여지가 적은만큼 그들에게 월급을 줄 동기가 낮기 때문이다.

하지만 ETF의 투자효과 극대화엔 중요한 전제조건이 있다. 긴호흡의 장기투자다. 길게 보유해야 복리효과로 인한 시세차익이 기하급수로 늘어날 수 있기 때문이다. 이는 인덱스펀드의 투자효과와 마찬가지다. 또 이렇게 함으로써 저비용 메리트도 극대화된다. 적게 뗀 만큼, 즉 원금이 많은 만큼 시간의 힘 덕분에 애초의 눈덩이가 불어나는 규모나 속도가 달라지기 때문이다.

하지만 ETF의 단기매매는 장기투자 때의 효과를 거의 완벽하게 훼손한다. 단타매매에 휘둘려 손바꿈의 유혹을 경계하지 않으면 저비용구조의 매력이 순식간에 위협적인 수익률 갉아먹기로 되돌아온다는 의미다. 3장에서 자세히 알아보겠지만, 인덱스펀드의 대중화에 기여한 존 보글은 "엽총은 사냥할 때도 유용하지만 자살하기에도 좋다"며 ETF의 단타매매를 엽총사용에 비유했다.

문제소지가 있는 건 증권사에 내는 거래수수료다. 즉 ETF 매매 때 계좌에서 자동 차감되는 거래수수료가 평균 0.015~0.3% 내외다. 단타매매에 집중할수록 거래수수료는 늘어날 수밖에 없

130

다. 운용보수가 낮고 거래세가 없다고 데이트레이딩처럼 단기투자에 열중하면 어느새 매매증권사 배만 채워주는 우를 범할 수 있다. 작아 보이는 거래수수료도 쌓이면 계좌를 덜어먹을 수 있다는 점을 명심할 필요가 있다.

물론 유혹이 많은 게 사실이다. 업계도 장기상품일 때 빛을 발하는 ETF를 저렴한 비용구조의 효과적인 데이트레이딩 수법으

☑ ETF 신규상장 및 폐지요건

구분	상장요건	상장폐지
요건	— 자본금 100억 이상 — 발행주식총수 10만주 이상	— 자본금 50억 미만 3개월 지속 — 상장주식수 5만주 미만 3개월 지속
유동성	— AP사 2사 이상 — AP 1사 이상과 유동성공급계약	— 상장 후 1년 경과 후 주주수 100명 미만 — 유동성공급 계약 체결 AP사 1사 미만 — 괴리율 [(종가−NAV)/NAV× 100] 3% 초과상태 10일간 지속 또는 최근 3개월간 20일 이상
지수구성	— 지수구성종목 10종목 이상 — 지수구성종목 비중(단일종목 30% 이하, 시가총액순으로 85% 해당되는 종목의 시가총액 150억원 이상 및 일평균거래대금 1억 이상)	
자산구성	— 시가총액기준으로 지수구성종목의 95% 이상 편입 — 종목수 기준 지수구성종목의 50% 이상 편입	— 추적오차율이 10% 이상으로 일정기간 지속
정보제공	— 지수사용계약 체결	
기타		— 추적대상지수를 산정할 수 없거나 이용할 수 없는 경우

• 자료 : 〈ETF 투자가이드〉, 증권선물거래소

로 홍보하기도 한다. 낮은 체감비용을 내세워 ETF로 직접 주식투자하듯 손맛을 보라는 얘기다. 또 저렴한 진입비용은 돌발재료로 주가변동이 심할 때 고객들로 하여금 쉽게 매매하도록 조장하는 구석도 있다. 환매비용이 세면 적어나마 주저할 텐데 '새 발의 피'만 물면 포트폴리오를 변경할 수 있으니 손쉽게 포지션을 정리할 수밖에 없어서다.

그나마 외국에 비하면 ETF 투자 때 필요한 전체비용도 비싼 편이다. 특히 운용비용이 비싸다. 국내 ETF 중 운용보수가 싼 건 0.23%다. 그나마 2007년까진 최저치가 0.3%대였는데, 경쟁심화로 2008년 다운된 수치다.

다만 해외ETF는 최저 0.09%부터 대부분 0.2%대를 넘지 않는 게 많다. 더욱이 국내에서 해외ETF에 투자할 땐 최저 0.5%대의 해외주식 중개수수료도 붙는다. 미국·일본지역의 ETF라면 이익과세에 따라 양도소득세도 낸다. 업계의 인하경쟁이나 금융당국의 세제개혁이 필요한 배경이다.

핵심 투자가이드 'ETF로 균형 잡힌 포트폴리오를'

도대체 투자란 뭘까.

일상적인 단어로까지 자리매김했지만, 의외로 투자의 의미를 정확히 아는 이는 드문 것 같다. 이럴 때 한자로 보면 본뜻을 제대로 알 수 있다.

투자란 돈을 던지는 행위(投資)다. 그것도 불확실성에 돈을 내던지는 것이다. 즉 기본적으로 위험할 수밖에 없다. 투자고수들이 늘 수익보다 위험을 먼저 생각하는 건 이런 이유에서다. '잃지 않는 것'을 1순위 원칙으로 두고 '1순위를 지키는 걸' 또 2순위 투자원칙으로 둔 워렌 버핏의 속뜻도 바로 리스크의 강조에 있다.

하지만 대부분의 아마추어들은 위험보다 수익이 먼저다. 매수와 동시에 근거 없는 대박을 꿈꾼다. 전략·전술이 있을 리 만무하다. 좋다니 빌려서 사고 돈에 쫓기니 내다파는 악순환을 반복한다. 'Go'만 외치고 무작정 달려드니 초반에 헉헉대고, 곧 게임까지 포기한다. 도전장을 던졌다면 성공투자를 위한 방법론이 있어야 한다. 전략 없는 접근은 필패의 덫에 빠질 수밖에 없다. 손쉽게 벌 수 있는 돈은 어디에도 없는 법이다.

ETF 투자 때도 마찬가지다. 생소한 자산인 만큼 투자효율성을 높여줄 검증받은 투자기법을 익혀둘 필요가 있다. 지금까지 ETF에 관한 배경정보 인식과 함께 전문용어 정복, 예상위험 분석 등 시장데뷔를 위한 체력단련을 마쳤다. 이제부터는 구체적인 전략과 응용기법 등을 익힘으로써 자신만의 방법론적 접근전략을 확보해보자.

🗠 핵심(Core)·주변(Satellite)전략 '최상의 균형감각'

핵심(Core)·주변(Satellite)전략이란 게 있다. 투자자라면 누구나 알아야 하고, 또 실제로 많이 알려진 기본전략이다. ETF뿐 아니라 포트폴리오(자산배분) 전략과 관련된 자산시장의 핵심전략 중 하나다.

요컨대 묵직한 안전자산을 기본으로 두고, 여기에 고수익이 가능한 위험자산을 일부 합치는 형태다. ETF에 한정한다면 핵심으로 벤치마크 수익률(안정성)을 추종하고, 주변상품으로 초과수익(수익성)을 꾀하는 기법이다.

원래 핵심 · 주변(위성)전략은 큰손들만의 전유물이었다. 변동성의 분산을 통해 시장수익률 이상(+α)의 안정적인 투자성과를 목표로 하는 연기금 등이 주로 선호했다. 펀드매니저의 존재이유는 시장평균+α의 수익률 추구다. 이를 실현해줄 종목을 찾고, 타이밍을 잡는데 심혈을 기울인다. ETF로 한다면 자산의 절반이상을 시장지수 흐름에 걸고, 나머지를 종류가 다른 ETF에 적절한 가중치를 둬 투자하는 전략이다. 부담은 줄이고 운용의 효율성은 높이는 자산배분전략으로 평가받는다.

ETF가 없었다면 개인투자자가 저가에 효율적으로 핵심 · 주변 전략을 채택하기란 사실상 불가능에 가깝다. 하지만 시장지수 추적이 목표인 저가의 바스켓구성이 가능한 ETF의 등장으로 이젠 개인투자자도 핵심 · 주변전략의 채택이 한층 용이해졌다.

포토폴리오의 다양성과 효율성의 증대다. 다수종목이 포함돼 시장전체를 대표하는 ETF로 중심을 잡은 뒤 특화 · 세분화된 일부그룹 ETF로 수익성을 도모할 수 있기 때문이다. 게다가 최소 거래단위라 해도 그 자체가 포트폴리오 바스켓인 까닭에 훨씬 싸고 쉽게 자산배분의 효율성을 높일 수 있다. 분산효과로는 그만이다.

핵심 · 주변전략에서 가장 큰 관심사는 역시 배분비중이다. 핵심과 주변상품에 얼마만큼 자산을 배분하느냐의 문제다. 이 전략이 보편적으로 활용되는 서구선진국의 사례를 보면 대체로 핵심비중은 주변비중보다 2배 이상 높다. 즉 핵심상품에 60~80%의 자산을 배치한 뒤 나머지 20~40%를 주변상품에 넣는 식이다. 안정성과 수익성을 동시에 달성하기 위한 비율이다.

물론 비중조절은 유동적일 필요가 있다. 개별종목 투자 때처럼 자주 교체할 필요는 없지만, 투자성향이나 주변여건 변화에 따라 비율을 조정해주는 것도 나쁘지 않다. 물론 우선순위는 일종의 공격수인 주변상품의 비중조정이다.

주변상품은 +α를 기대하기에 일반적으로 핵심자산보다 투자위험이 높다. 대개 향후 전망이 밝은 업종이나 스타일ETF를 적극적으로 편입·운용하게 마련이다. 이와 관련해 최근엔 '핵심+주변1+주변2…'처럼 주변상품을 다양화하는 것도 추세다. 숫자가 증가할수록 상품성격은 보다 세분·특화된다.

그렇다면 핵심·주변전략의 효율성은 어떨까. 상황마다 다르긴 해도 핵심이든 주변이든 집중 투자한 것보단 결과가 나은 것으로 기대된다.

가령 2008년 상반기에 핵심·주변전략을 채택했다고 치자(우리투자증권 보고서). 대표지수 ETF에 자금의 50%를 넣고, 나머지 25%를 섹터ETF인 반도체와 자동차에 각각 배분했다면 대표지수 ETF에만 100% 넣었을 때보다 수익률이 2.98% 더 높은 것으로 나타났다. 동시에 특유의 기대효과인 분산에 따른 위험이 떨어진 건 물론이다.

하지만 비중조정 때 반드시 유념할 게 있다. 교체비용에 대한 정확한 이해·활용이다. ETF는 환매수수료가 없다. ETF만으로 핵심·주변전략을 설정할 때 저렴한 교체비용은 얼마든 순간적인 치고 빠지기 투자를 조장할 수 있다. 돋보이는 장점이 단점으로 둔갑할 수 있다.

활발한 매매자극이 자칫 핵심 ETF에까지 확산되면 곤란하다. 지나치게 민감한 핵심 ETF의 매매는 되레 안정성을 저해하고 단기투자를 부추기는 수단이 될 수 있다. 이 경우 십중팔구는 핵심·주변전략이 무용지물이다. 핵심 ETF는 장기보유를 전제로 신중하고 무겁게 매매하는 게 좋다.

핵심·주변전략 때 무엇보다 명심해야 할 건 포트폴리오 구성의 대전제다. 즉 포트폴리오를 철저히 본인상황에 맞춰 배분하자는 얘기다. 본인의 위험감수나 능력은 물론 투자자금의 성격이나 용처까지 이해한 뒤 버틸 수 있는 포트폴리오를 구성하는 게 좋다.

특히 향후 보다 다양한 종류의 ETF가 등장할 것이기 때문에 이를 적재적소에 배치하자면 본인의 상황이해·정복에 신경을 쓰는 게 먼저다. 배분비중이나 자산성격을 결정하는 최우선조건이 맞춤투자임을 잊어선 곤란하다.

순환투자 '경기에 따른 유망업종 순차투자'

순환투자 전략도 있다. 이 전략은 적극적인 주식매매에 익숙한 투자자에게 권유된다. 다양한 종류의 ETF를 적극 활용해 업종별 혹은 성격(가치·성장 등)별로 순환해 투자하는 방법이다. 개별종목 투자만이 아니라 지수투자와도 맞물려 변동성이 상대적으로 낮다. 이는 앞서 살펴본 핵심·주변전략이 응용된 형태로 봐도 무방하다.

사실 대표지수 ETF를 투자핵심으로 두고, 나머지를 섹터 · 스타일 ETF 등으로 활용하는 형태는 기본 중의 기본이다. 주가지수, 섹터, 스타일, 전략, 해외, 채권, 외환, 실물(금 포함) 등을 기초자산으로 하는 다양한 ETF가 개발되고 있다고 할 때 핵심 · 주변 상품으로 쓸 수 있는 자산종류는 무궁무진하다. 그중 안정성이 높은 자산에 무게중심을 두고 일부자금으로 고위험 · 고수익자산을 편입한다면 이것도 핵심 · 주변전략으로 손색이 없다.

순환투자의 핵심은 이미 효율성이 검증된 미들다운(Middle-Down)기법이다. 사실 시장은 어떤 장세든 상승에너지가 충만한 섹터가 늘 존재한다. 경기상황과 맞물려 시황별로 유망할 것으로 예상되는 섹터가 있다는 얘기다. 경기순환의 시차 때문이다. 하지만 유망한 특정업종을 알아냈더라도 개별종목을 고르기란 여간 어렵지 않다.

이때 미들다운 전략을 통해 상승에너지가 있는 섹터 ETF를 핵심으로 삼고, 그 섹터에 속한 개별종목을 주변에 배치해도 분산효과와 함께 기대수익 달성이 가능해진다. 이렇게 되면 인덱스자산이 핵심이 되고, 액티브하게 움직이는 개별주식이 주변자산이 된다. 영역을 넘나드는 핵심 · 주변전략의 응용이다.

이와 관련, 일부에선 지역보단 섹터를 통한 핵심 · 주변전략의 분산효과가 더 크다는 지적도 있다. 글로벌 증시의 동조화 심화와 가격구조의 국제적 획일성, 국제적 M&A 증대 등의 이유로 지역별 분산효과는 반감하는 대신 섹터(업종)별로 핵심 · 주변전략을 채택하는 게 한층 유리하다는 분석이다.

즉 전세계가 하나의 큰 시장처럼 연결됐기 때문에 지역구분보

☑ ETF의 핵심(Core) · 주변(Satellite)전략

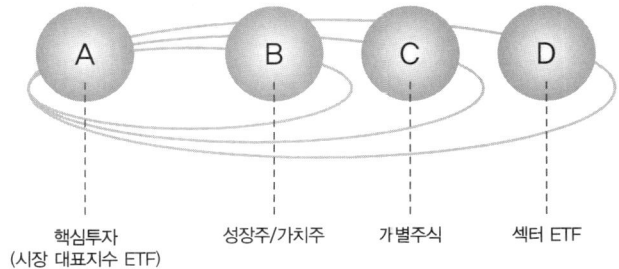

핵심투자
(시장 대표지수 ETF)

성장주/가치주

가별주식

섹터 ETF

• 자료 : 증권선물거래소

단 업종분산을 통해 위험은 낮추고 초과수익을 기대하는 게 낫다
는 의미다. 다만 시장별 동조화 등 이견이 적잖아 무분별한 채택
은 금물이다.

이밖에 기타 세부전략은 다음 꼭지에서 자세히 살펴본다.

기타전략 6가지 '상황 따라 쓸 카드 가지각색'

앞에서 주변·핵심전략을 알아봤다. 더불어 응용전략으로 순환투자 전략까지 살펴봤는데, 이 두 가지 실천전략은 ETF 투자의 기본 중의 기본이다. 배분비중은 있을지언정 사실 투자성향과는 상관없이 누구나 채택해봄직한 손쉬운 방법이다.

여기에선 광범위하게 채택되는 주변·핵심전략과 순환투자 전략 이외에 ETF 투자로 노릴 수 있는 추가적인 실천방법과 가이드를 연구해보자.

● 차익거래 '싼 거 사들여 비싼 거 팔고'

ETF의 저평가·고평가 여부를 활용한 전략도 있다. ETF는 편드다. 그때그때 가격이 변동하게 마련이다. ETF의 거래가격은 순자산가치와 반드시 일치하지는 않는가. 이때 저평가 및 고평가 여부를 통해 저평가된 ETF를 매수하면 추가적인 시세차익을 노릴 수 있다.

반대로 매도포지션에 섰다면 고평가 정도가 심할 때 던지는 식으로 활용 가능하다. 특히 거래량이 줄어들 때 ETF의 괴리율도 덩달아 크게 벌어지는 시기가 존재하는 데, 이때가 절호의 기회일 수 있다.

일반적인 펀드는 하루 한번 공시되는 NAV에 의해 기준가격이 결정된다. 고정된 이 가격에 따라 가입·환매가 이뤄진다. 하지만 ETF는 매도·매수수요에 따라 결정되는 시장가격이 존재한다.

ETF의 NAV는 매 10초 간격으로 공시돼 실시간 거래기준이 된다. 이때 시장수급에 따라 시장가격이 NAV와 일시적으로 벌어질 수 있다(이 갭을 메워주는 게 유동성공급자인 LP사의 역할이다). '시장가격 〉 NAV'라면 고평가, 반대면 저평가된 것으로 인식돼 반대수요가 생겨난다. 이 과정을 통해 결과적으로 '시장가격 = NAV'가 추구된다.

차익거래는 이때 발생한다. 주로 기관투자가들이 차익거래를 선호하는데, 순간적인 가격격차를 활용해 추가적인 수익을 낼 수 있기 때문이다. 일례로 현·선물 차익거래 때 세금회피(거래세 0.3%)를 위해 현물 대신 ETF를 활용하는 식이다.

현·선물거래란 저평가된 현물(바스켓)을 매수, 고평가된 선물 (KOSPI200)을 매도한 뒤 가격이 반대로 움직이면 현물을 팔고 선물을 사 이익을 얻는 매매형태다. 리스크가 거의 없는 무위험 차익거래다. 동시에 큰손들의 활발한 ETF 매매는 차익확보와 함께 가격변동을 완화시켜준다.

● 공매도 활용 '하락장에서도 돈 버는 방법'

공매도 활용전략을 살펴보기 전에 단어부터 정리해볼 필요가 있다. 공매도란 특정종목 주가하락이 예상될 때 그 주식을 증권사로부터 빌려 일단 매도한 뒤 나중에 실제로 주가가 떨어지면 그 값에 주식을 사 증권사에 돌려주는 매매기법이다.

주가가 떨어져도 수익을 낼 수 있다는 점에서 지수하락기 때 돋보이는 전략이다. 매도시점과 상환시점의 가격차이만큼 투자자에게 유리해서다. 기관들의 공매도 물량이 급격히 늘면 주가가 인위적으로 떨어질 수도 있어 경계하는 시각도 많다.

주지하다시피 ETF는 공매도가 가능하다. 공매도와 비슷한 뜻으로 쓰이는 대차·대주도 주식을 빌려줘 매매한다는 점에서 같은 의미다. 다만 대주는 빌리는 규모·경로가 거액이고 복잡(증권금융·예탁결제원 등)한데 반해 대차는 증권사가 자체 중개해 비교적 활발하다.

참고로 대차는 기관·외국인이, 대주는 개인이 주식을 빌리는 걸 뜻한다. 다만 개인들의 경우 물량을 빌리려 해도 증권사가 확보하지 못하고 있을 확률이 높아 대주가 활발하진 않다. 이 결과 고객끼리 빌리고 빌려주는 거래를 주선하는 증권사도 생겨났다.

빌려주는 이에겐 CMA 정도의 금리를 주고, 빌리는 측엔 수수료를 매긴다. 개인투자자의 투자전략 차원에서 ETF의 공매도라면 대주매매로 봐도 무방하다.

142

ETF에서 공매도는 주로 위험회피(헤지)를 위해 활용된다. 장단 기적인 시장하락이 예상되면 ETF를 공매도해 이때 발생한 이익 으로 실제 보유한 포지션의 손실분을 상쇄할 수 있다는 의미다. 반대로 시장예상과 달리 공매도 후 가격이 뛰면 이때 발생한 손 실을 보유한 실제포지션의 시세차익으로 충당할 수 있다. 전형적 인 헤지 목적이다.

특히 ETF는 주당금액에 상관없이 단주거래가 가능해 소액으 로도 헤지수단으로서 선물을 대신할 수 있다. 흔히 현물 포트폴 리오의 헤지를 위해 선물투자를 주로 활용하는데, 워낙 거액인데 다 만기 때문에 롤오버(Roll Over) 비용까지 추가로 발생해 부담스 럽다. 게다가 선물의 경우 업종(섹터)지수를 따르는 상품이 없어 ETF처럼 섹터ETF를 통한 업종헤지가 어렵다는 점도 단점이다.

다만 아직은 일부 증권사에서만 대주거래를 통한 ETF의 공매 도가 가능하다. 비슷한 ETF라도 대주가 되는 게 있고, 안 되는 게 있다. 대주를 하려면 신용거래 약정이 필수다. 대주증거금은 현 금의 2.5배까지이며, 신용거래 기간에 한해 공매도가 가능하다.

다만 주식을 빌리는 비용(수수료)은 비교적 비싸다. K증권사의 경우 일반거래 땐 0.025%인데 대주매매 땐 0.1%의 고율수수료를 내야 한다.

● **적립투자 '소액으로 안전하고 간단하게'**

개인투자자라면 적립식 전략을 통해 ETF의 투자효과를 높이 는 게 좋다. 저렴한 비용과 예측 가능한 안정적 수익률, 투자편의 성 등을 감안했을 때 적립수단의 채택이야말로 장기보유를 통한 기대수익의 극대화를 가능케 해주기 때문이다. 매월 일정금액으로 ETF를 사거나(정액적립) 혹은 상황에 맞게 금액을 달리해 적립 효과를 높이는 방향(변액적립)으로 물량을 확보해두는 게 대표적이다.

적립식 투자설계도의 핵심 운영회로는 'Cost Averaging Effect'에 있다. '평균 매수단가 인하효과'다.

가령 100만원씩 3개월을 적립 투자할 때 주가가 월별로 1,000원, 700원, 1,000원으로 등락했다고 치자. 1,000원일 때 1,000주를 산다면 700원일 땐 1,428주(100만원/700원)를 살 수 있다. 3개월 후 보유종목은 모두 3,428주다. 이때 평균주가는 900원이지만, 매입단가는 875원(300만원/3,428주)이다. 정액분할매수의 효과다. 300만원을 한꺼번에 맡긴 후 같은 식으로 등락했다면 수익은 제로다. 즉 적립식은 쌀 때 많이 사 손실을 줄이고 수익은 늘리는 구조다.

적립식 투자전략의 기대효과는 세 가지로 요약된다. 소액을 매달 넣음으로써 정기투자 습관을 몸에 익힐 수 있고, 이를 통해 긴 호흡의 장기투자 기반을 마련할 수 있는데다 종목은 물론 시간위험까지 나눠질 수 있어 특유의 분산효과까지 기대할 수 있다. 성공투자의 3대축인 '정기·장기·분산투자'를 한꺼번에 풀 수 있다는 얘기다.

상당수의 투자고수들도 적립식 투자전략의 경제학에 동조한다. 가치투자의 선구자인 벤저민 그레이엄은 "후회보단 안전이 낫다"며 "위험을 줄이자면 정액분할투자로 분산·장기투자의 기대효과를 키우는 게 합리적"이라고 했다.

144

인덱스펀드의 창시자인 존 보글은 "돈을 버는 가장 확실하지만 단순한 방법은 적립식투자"라며 장기·분산기능에 절세효과까지 키울 것을 강조한다.

일본 샐러리맨들의 우상 사와카미 아쓰토는 "치고 빠지는 수렵투자보단 파종 후 수확을 기다리는 농경투자가 성공첩경"이라며 "적립식이야말로 장기투자를 위한 최선책"이라는 입장이다.

다만 ETF의 적립식 전략채택엔 넘어야 할 산이 있다. '귀차니즘'이다. 적립식 펀드에 가입했다면 매달 특정금액이 자동적으로 투자된다. 하지만 ETF는 직접 본인이 계산·매매해야 한다. 바쁜 직장인이라면 매월 특정시점에 관심을 기울여야 하기에 다소 힘들 수 있다.

하지만 기대효과는 크다. 익숙해지면 몇 번의 클릭만으로 저렴하게 적립효과를 고스란히 손에 쥘 수 있어서다. 남한테 맡기지 않고 본인이 매매타이밍을 고른다는 점도 장점이면 장점이다.

● 데뷔용 실험전략 '개별종목 매매 위한 사전연습'

ETF는 본격적인 개별종목 직접매매를 위해 사전연습용 무대가 될 수도 있다. 가령 개별종목에 직접 투자하고 싶지만, 여러 이유로 종목선택과 타이밍 결정이 쉽지 않을 경우 해당되는 섹터ETF에 먼저 투자해두면 시간을 버는 데 효과적이다. 이후 투자종목이 결정되고, 타이밍까지 잡은 뒤 보유했던 ETF를 내다팔고, 그 돈으로 개별종목에 투자하면 만족스런 투자수익을 거둘 수 있다.

ETF는 펀드지만, 상장주식처럼 거래된다. 따라서 ETF 투자경험을 통해 개별종목 매매 때의 시행착오를 줄일 수 있다. 복잡한 HTS를 통해 사전에 ETF를 매매해봄으로써 실전감각을 익히는 데도 좋다.

특히 초보라면 들쑥날쑥한 지수급변이 거의 없는 ETF 매매로 심리적 안정감을 확보한 뒤 서서히 개별주식 직접매매로 옮기는 게 바람직하다. 이때 데뷔 첫무대에서 ETF와 대결하는 건 썩 괜찮은 스파링 상대와의 경험이다.

● 유동성 확보수단 '단기 여유자금 파킹에 제격'

단기자금 운용처로도 ETF는 괜찮은 자산이다. 이 경우 전제조건은 비교적 장이 회복·활황세에 한정된다. CMA, MMDA, MMF 등 단기자금 투자대상은 예·적금의 은행상품에 비해 비교적 짭짤한 이자수익을 올려주는 것으로 유명하다. 여기에 수시입출이 가능해 유동성 확보수단으로도 손색이 없다. 다만 공격적인 투자라면 그래도 불만이다. 절대적인 금리수준이 낮기 때문이다.

이럴 땐 ETF를 고려해보는 것도 나쁘지 않다. 비용절감은 물론 장세까지 등에 업고 여유자금을 운용할 경우 기대이상의 고수익이 가능해서다. 환매수수료가 없으니 떼는 돈 없이 유동성을 고스란히 확보하기에도 좋다.

시장전체가 빠지는 특별한 경우가 아니면 마이너스가 나도 소폭에서 묶을 수 있다. 단 이 전략을 채택하자면 철저히 여윳돈이어야 하며, 무엇보다 공격적 성향의 투자자일 필요가 있다.

원래 이 전략은 기관투자가의 선호기법이다. 이른바 '유휴자금 주식운용(Cash Equitization)'이다. 기관투자가 입장에선 포트폴리오에 일정수준의 현금을 보유해야 한다. 불확실성에 대비하기 위해서다.

그렇다고 현금비중이 높으면 안 된다. 현금보유에 따른 기회손실 비용이 발생해서다. 현금보유는 수익발생에 아무런 도움이 안 되기 때문이다. 특히 상승장일 때 현금보유는 수익률을 오히려 갉아먹는다. 따라서 신속하게 뺄 수 있는 단기투자처로 ETF를 활용하면 기회손실을 줄일뿐더러 추가적인 수익발생도 꾀할 수 있다.

● 해외시장 공략수단 '새로운 투자기회 적극 수용'

금융의 국제·자유화는 투자대상의 경계를 대폭 허물었다. 더불어 해외투자의 경계와 장애도 크게 허물었다. 이젠 안방에 앉아서 나라 밖 투자대상에까지 투자할 수 있는 시대다. 여기에 힘입어 최근 해외자산 투자방법도 다양해지고 있다. 해외펀드에 이어 해외ETF까지 출시돼 글로벌 투자전략을 세우는 데 일조하고 있다.

다만 해외투자는 여러 난관이 뒤따른다. 정보부족은 물론 높은 거래비용, 환율변수, 매매시차 등 손쉽게 투자할 수 있는 자산은 절대 아니다. 하지만 ETF라면 얘기가 다르다. 저비용구조는 물론 위험통제에 분산효과까지 그대로 누리면서 간편하게 해외시장에 접근할 수 있는 기회를 제공해준다.

지금은 중국·일본·브라질 등 일부국가에 한정돼 있지만, 향후 새로운 국가의 시장지수를 추격하는 해외ETF가 속속 등장하면 개인투자자들의 해외시장 공략에 보다 효율적인 무기로 활용될 전망이다. 몇몇 증권사의 경우 해외에 상장된 ETF를 직접 거래할 수 있는 매매시스템을 이미 갖췄다.

다만 환율 등은 조심해야 한다. ETF는 기본적으로 환헤지를 하지 않는다. 환노출형 펀드 중 하나다. 지수가 올라도 환율이 떨어지면 순자산가치가 오히려 떨어질 수도 있다. 따라서 환율변수를 늘 챙겨보는 현명함이 필요하다.

● 맞춤상품 전략 'ETF만으로 고객눈높이 맞춰라'

증권사나 은행 등은 ETF를 고객맞춤형 자산으로 설계·판매할 수 있다. 고객수요에 맞게 상품으로 재포장해 파는 식이다. 자산배분모델에 따라 ETF를 적극적인 편입대상으로 설정할 경우 까다로운 고객입맛에 맞출 수 있어 매력적이다.

운용사의 자산배분(Asset Allocation)펀드나 증권사의 랩(WRAP, 개인자산종합관리), 은행의 특정금전신탁 등에서 ETF를 효과적인 신종상품으로 활용할 수 있다. ETF만으로 상품을 만든다면 섹터·스타일·해외ETF 등을 적절히 조합, 핵심·주변전략을 채택하면 균형 잡힌 포트폴리오 설정도 가능하다.

이 전략은 개인도 얼마든 활용할 수 있다. 현존상품뿐 아니라 향후 도입될 ETF까지 폭넓게 감안해 ETF 단일자산만으로 성격을 달리한 상품구성을 통해 자신만의 맞춤 포트폴리오를 짤 수 있기 때문이다.

자산성격이 다른 ETF가 적잖다는 점에서 앞서 설명한 핵심·주변전략 등을 자신의 눈높이에 맞춰 수정·배분하면 그 자체로

궁합이 맞는 자산배분이 가능하다. 서구선진국의 경우 금융전문
가들이 한 사람의 고객만을 위해 특화된 ETF 포트폴리오를 제시
해주는 경우가 일반적이다.

투자자별 궁합 ①
'ETF는 누구에게든 필수자산'

주류경제학의 기본전제는 합리적 인간이다. 모든 정보를 총동원해 최대효과를 내고자 노력한다고 봐서다. 합리적 기대가설이다. 하지만 현실은 다르다. 합리적 기대가설 대신 비이성적 투기심리가 지배하는 게 세상이다. 합리적이라면 분명하게 보일 사실조차 흥분하면 보이지 않는 법이다. 합리적 주체라면 탐욕과 공포는 애초부터 없다.

그럼에도 불구, 현실에선 고수익·저위험을 추구하는 비합리성이 엄연히 존재한다. 탐욕과 거품, 공포와 패닉을 낳는 쏠림현상이 끊임없이 발생하는 이유다.

솔직한 말로 모든 투자자들은 이기적이다. 절대다수가 적은 위험을 수용하는 대신 그보다 훨씬 많은 수익을 내는데 열중한다. 적은 돈으로 대박을 꿈꾸는 식이다. 공짜점심 차원에서 봤을 땐 첫 단추부터 잘못 끼워진 헛된 욕망이 난무한다. 요컨대 주는 것 없이 받으려고만 한다. 투자열기에 광적으로 동참하는 건 이 때문이다. 이성을 회복하고 냉정하게 대처하자 해도 묵묵부답이다.

그러니 터무니없는 속임수가 난무하그 통용된다. 위험은 전혀 없는 고수익자산이란 감언이설에 속아 넘어가는 금융사기도 끊이지 않는다. 2008년 글로벌 경제를 단번에 얼려버린 월가의 금융쇼크가 대표적이다. 실체도 없는 거품신용이 한껏 자기복제를 반복하다 결국엔 꺼져버린 꼴이다.

〰 자산시장 불변원칙 '위험＝수익' … 은밀한 유혹은 쪽박

금융상품을 포함한 투자자산은 그 종류만 수백수천가지다. 여기에 새로운 투자이론과 테크닉으로 무장된 신종상품이 하루가 달리 쏟아진다. 하지만 상품의 기본적인 작동원리는 큰 그림에서 보면 똑같다. 위험과 수익을 어떻게 배분하느냐 차이일 뿐, 위험과 수익이 비례한다는 지배원리는 거역할 수 없다. 즉 투자자산의 작동구조는 위험과 수익의 조합결과에 달렸다.

따라서 수많은 투자자산 중 대박을 안겨줄 것으로 오인되는 판단미스를 저지르기보단 투자자 본인의 합리적 이성을 되찾는 게 먼저다. 본인의 투자성향 · 스타일 · 자금성격 등을 먼저 정확히 판단한 뒤 이에 걸맞은 자산을 고르는 게 순서라는 얘기다.

모든 자산은 나름의 존재이유가 있다. 어울리는 사람이 낙점했을 때 비로소 기대수익을 실현할 확률이 높다. 투자실패의 모든 이유는 '상품 ↔ 성향'의 엇박자로 귀결된다.

위험과 수익은 동의어다. 고위험이면 (기대)수익도 높다. 리스크 프리미엄(Risk Premium)이다. 즉 대박과 쪽박은 백짓장 차이다. 대박이 날 거란 은밀한 유혹은 쪽박을 찬다는 냉혹한 현실과 같다. 반대로 무위험자산은 안정성은 높아도 수익성이 낮다.

다만 최근 기발한 아이디어와 고도의 금융기법에 의해 위험은 줄이면서 수익은 높이는 혁신자산도 증가세다. ELS나 ETF 같은 게 대표적이다. 물론 그래봐야 추가수혜는 소폭일 수밖에 없다. 완벽한 의미의 저위험·고수익은 이론상 존재할 수 없기 때문이다.

실제로 많은 금융전문가들이 '저위험·고수익' 상품의 경쟁적 개발에 열중하지만, 여간 어려운 미션이 아니다. 그나마 원금보장에 시장금리+α가 가능한 혁신상품이 늘고 있지만, 여러 전제조건이 붙는 게 보통이다. 대세상승·금리인하 등 외부여건이 유리하게 움직이거나 혹은 뜻하지 않은 돌발수혜를 입어야 가능해진다.

반대라면 +α는 물거품이다. 저위험·고수익을 위해 진화는 할지언정 그 목표를 완벽히 추구하기란 그만큼 어렵다.

따라서 현재로선 위험 대비 기대수익이 높은 경우에 한정해 관심을 갖는 게 좋다. 찾을 수만 있다면 가장 바람직한(?) 투자자산이다. 물론 이런 꿈의 자산이 애초의 의도대로 수익이 나게끔 움직여 줄지는 여전히 미지수다. 다만 이때도 위험과 수익은 투자자마다 개념과 정도가 달라 획일적인 기준을 대긴 어렵다. 반면 위험 대비 기대수익이 낮은 건 당연히 포트폴리오에서 빼는 게 정답이다.

결국 전시된 상품보단 자신을 아는 게 먼저다. 맞춤투자다. 위험과 수익의 비례관계를 전제로, 투자자 입장에서 매력적인 투자자산을 고르기 힘들다면 상품선택이 아닌 본인정복을 통해 위험 대비 기대수익을 높이려는 자세가 바람직하다. 본인의 투자성향·자금성격·투입금액 등 제반 환경요소를 충분히 감안해 어울리는 맞춤자산을 선택하는 식이다. 지피지기(知彼知己)여야 백전백승(百戰百勝)이라 하지 않던가.

맞춤투자는 간단하다. 일례로 보수적이라면 안전자산에, 공격적이라면 위험자산에 가중치를 두는 게 대표적이다. 짧게 가져갈 자산과 길게 묻어둘 자산을 섞는 것도 좋다. 포트폴리오로 불리는 자산배분 전략이다. 성격이 다른 자산을 상황에 맞게 분산?보유하는 것이야말로 저위험·고수익의 무리한 상품쇼핑보다 훨씬 속편한 방법이다. 투자자와 자산이 맞아야 스트레스 없이 즐겁게 투자할 수 있는 법이다.

우리의 관심사인 ETF 투자전략의 핵심도 실은 맞춤투자에 있다. 보편적으로 쓸 수 있는 여러 전략을 앞에서 소개했지만, 더 중요한 건 무분별한 전략채택에 앞서 자신에게 맞는 본인만의 투자전략을 수립하는 것이다. 기존전략을 따라도 좋고, 필요하면 여러 전략을 섞어 자기 것으로 만드는 것도 방법이다. ETF와 다른 자산을 조합해 자산을 배분해도 되고, ETF만으로 하나의 완성된 포트폴리오를 짜도 괜찮다.

ETF의 라인업 강화는 대세다. 시장대표지수를 추종하는 ETF는 고전적인 자산이 됐다. 복수의 상품이 존재해 계량화만 될 수 있다면 무엇이든 ETF의 기초자산(추종지수)으로 사용할 수 있다. 위험과 수익을 한껏 배분한 기상천외한 ETF가 등장할 날도 멀지 않았다. 포트폴리오 편입자산으로서 손색이 없어졌다는 의미다. 즉 투자자라면 누구나 갖고 있어야 할 필수 편입자산이란 평가가 가능하다.

〰️ 모든 투자자들에게 'ETF는 누구든 보유해야 할 필수자산'

먼저 한 가지 확인하고 넘어갈 게 있다. ETF는 인덱스펀드의 진화 결과물이다. 기본적인 추종목표가 시장평균인 까닭에 움직임이 둔하고 묵직하다. 경쟁상대인 액티브펀드의 들쑥날쑥한 수익률 변동은 기대하기 힘들다.

물론 역사적으로 봤을 때 최종승자는 늘 ETF를 포함한 인덱스펀드다. 일시적으로 액티브펀드가 짜릿한 손맛을 안겨주긴 해도 평균해 보면 인덱스펀드가 낫다는 게 지금까지의 경험법칙이다.

따라서 인덱스펀드는 보유비중의 차이는 있을지언정 필수 보유자산이다. 장기투자에 따른 복리효과를 제대로 누릴 수 있는 20~30대 젊은 투자자라면 두말할 필요조차 없다. 통상적이라면 워낙 움직임이 더뎌 버티기(보유) 힘든 건 사실이지만, 버텼을 때 얻을 수 있는 과실은 실로 매력적이다.

정 힘들 땐 ETF라는 훌륭한 대안이 있다. 인덱스펀드를 상장주식처럼 매매할 수 있고, 종류가 많으며 거래비용까지 낮으니 금상첨화다. 비교적 안전한 시장전체를 손맛까지 느껴가며 매매할 수 있다는 점에서 21세기 최고의 금융상품이란 평가는 과장되지 않다. 단타유혹과 쏠림투자 등의 장벽만 넘어서면 ETF는 자신을 선택한 투자자들에게 최선의 솔루션과 최대의 만족감을 안겨줄 것이다.

안전자산만으로는 살 수 없는 시대다. 저성장·저금리의 환경적 악재와 어디서 튀어나올지 모를 불확실성이 난무할 미래에까지 오랫동안 살아남자면 위험자산 편입은 필수불가결한 과제다. 실질금리 마이너스 시대에 안전자산만으론 만족스런 노후자금을 마련할 수 없다는 건 삼척동자도 다 아는 바다.

그렇다고 무작정 위험자산에 러브콜을 날려선 곤란하다. 말 그대로 원금을 순식간에 까먹을 수 있는 '위험' 자산이기 때문이다. 착실한 공부와 경험축적으로 위험자산의 위험도를 최대한 낮춰 접근할 필요가 있다. 이런 과도기에 인덱스펀드를 비롯한 ETF는 훌륭한 투자대안이 될 수 있다. 그 자체도도 매력이 넘치지만, 본격적인 위험자산에 데뷔하기 전 연습무대의 스파링 상대로도 손색이 없다.

어떤 이유에서든 ETF는 꼭 정복해야 할 대상이다. 이 시대를 살아가는 투자자라면 필수자산이다. 이율배반적이겠지만, 전 국민의 투자자산이란 이유로 ETF 투자전략은 굉장히 주도면밀할 필요가 있다. 패션상품처럼 일시적인 유행이나 붐에 좌우돼 어울리지 않는 옷을 사듯 우를 범해선 안 된다. 10만원을 넣든 1억원을 넣든 본인상황에 맞게 ETF자산을 편입·배치하는 게 우선이다.

무엇보다 자신이 어떤 ETF에 투자하는 게 적당한지 비교·분석해볼 필요가 있다. 이땐 ETF를 다룬 언론기사·단행본을 통해 러프하게 전체적인 조명을 해본 다음 몇 개를 압축해 후보군에 올려 투자설명서 등을 집중적으로 읽는 게 좋다. 투자설명서는 해당 ETF 운용사 홈페이지에 들어가면 자세히 알 수 있다.

저비용·간단매매를 내세운 ETF는 이른바 수요자 중심자산(Investor-oriented Product)으로 평가받는다. 따라서 금융기관 입장에선 마진이 적어 굳이 추천할 동기가 없다. 반대로 투자정보를 찾기가 쉽잖다. 돈이 되지 않으니 친절하게 ETF를 가르쳐주는 곳도 없다. 본인의 학습의욕과 투자결정이 그만큼 중요하다.

투자성향에 따라 적당하게 나눌 수 있는 ETF 종류는 수십 가지다. 모든 투자자에게 성격이 있듯 ETF에도 나름의 존재이유가 다 있다. 앞서 설명한 8가지 투자전략을 기초로 자신에게 어울리는 포트폴리오 배치도를 그려보는 게 좋다. 가령 핵심·주변전략에 따라 안정성과 수익성을 적절히 나눠 무게중심을 잡아주는 (시장)대표지수ETF를 핵심에 두고, 나머지를 스타일ETF나 섹터ETF에 배치해 주변자산을 강화하는 식이다.

같은 맥락에서 ETF 안에서 위험과 수익을 구분할 필요도 있다. 일례로 가치·성장주그룹으로 나뉘는 스타일ETF가 개별 업종지수에 투자하는 섹터ETF보다 안정성은 높은 반면 수익성이 다소 떨어진다. 섹터ETF는 업황변동에 따른 등락노출에 취약해 스타일ETF보다 약간 공격적이라 볼 수 있다. 해외ETF나 전략

ETF 등도 내용에 따라 '위험-수익'의 평행선에 놓고 성향에 맞게 골라잡을 수 있다.

🔉 단타유혹 버리고 자금배분 신경 '타이밍은 역발상'

다만 기본적으로 명심할 게 있다. ETF는 유동성 확보가 용이하고 거래비용이 낮아 단기매매에 유리하지만, 만족할만한 수익을 내기 위한 대전제는 장기투자다. 물론 짧게 투자해 단기수익을 노릴 수도 있지만, 장기투자 때보다 기대수익은 떨어진다. 단타매매로 돈을 벌자면 급등장세에 한정되는데, 사실상 현실성이 낮다. 거래비용도 작지만 쌓이면 수익을 훼손한다. 몇 년을 못 박아 규정할 수는 없지만, 사견을 전제로 최소 5년 이상은 보유하는 게 좋아 보인다.

또 하나 조심해야 할 건 자금배분이다. 제아무리 위험이 통제된다지만 ETF도 시장폭락 같은 체계적 위험은 피할 수 없다. 기본적으로 들쑥날쑥한 개별종목을 모아둔 바스켓인 까닭에 리스크는 상존한다.

따라서 하나의 ETF에 여유자금을 100% 할당해선 곤란하다. ETF 외에 기타펀드나 개별주식, 예·적금 등 충분히 자금이 분산됐다면 몰라도, 그게 아니면 나눠담는 게 권유된다. 잃어도 되거나, 혹은 5~10년 후에나 열어보겠다는 장타(長打)관이 아니면 그 자체가 무리일 수 있어서다.

이상적인 매입시점은 역발상전략을 따를 필요가 있다. 남들이 공포에 울고, 증시를 쳐다보지도 않을 때가 최적의 매수타이밍이다. 온 세상이 주식 얘기로 가득할 땐 오히려 조심하는 게 낫다.

물론 장기투자를 염두에 둔 투자라면 딱히 투자타이밍을 잴 필요는 없다. 그냥 싸 보일 때 조금씩 들어가면 그걸로 충분하다. 초보일수록 거치보단 적립식 투자가 귀찮긴 해도 여러모로 배울 게 많다.

⚙ ETF별 투자전략

자신에게 맞는 ETF 고르기…
시장대표지수는 필수, 주변ETF로 포트폴리오 완성

▶ 시장대표지수 ETF '한국시장 상징하는 기본편입 아이템'
KOSPI200, KRX100 등을 추적하는 상품이다. 지수추세를 알기 쉽고 거래가 활발해 일반투자자들이 참여하기에 가장 적합한 자산이다. 말하자면 어떤 자산과도 포트폴리오를 짤 수 있는 ETF의 기본편입 아이템이다. 편입종목이 다양해 가격변동 위험성이 가장 낮다. 시장대표성, 업종대표성, 유동성, 수익성 안정성, 건전성 등 다양한 기준에 따라 한국시장을 상징하는 대표선수로만 구성돼 있다. ETF 투자의 첫 출발이자 누구든 관심을 갖고 보유할 필요가 있다.

▶ 섹터지수 ETF '가격변동성 높은 추가수익 추구형'
자동차, 반도체, IT, 조선, 미디어통신, 은행, 증권 등 특정업종의 기업그룹에 투자하는 ETF다. 개별종목 투자에 따른 위험을 피하면서 수익은 시장평균 이상을 추구한다. 동일산업에 속해 있어 업황이나 계절적 수요 등에 따라 함께 움직이는 경향이 높아 가격변동성은 비교적 높다. 다소간 위험을 지고라도 평균이상 수익을 추구하는 투자자에게 적합하다. 섹터지수는 유동성, 재무기준, 유동비율 요건을 충족하는 종목 중 시가총액에 따라 선정된다. 다만 개별종목의 25% 보유 상한제한이 있다.

▶ 스타일지수 ETF '취향에 맞는 최적 포트폴리오 가능'
스타일ETF는 기업특성과 성과형태가 유사한 주식집단으로 구성된 지수를 추적한다. 시가총액에 따라 대형주, 중형주, 소형주 등으로 구분하고 이를 다시 가치주와 성장주로 분류한 상품이다. 가치주 ETF는 주가순자산배율(PBR), 주가수익비율(PER), 배당수익률 등으로 내재가치보다 저평가된 종목을 편입한다. 성장주ETF는 매출액, 순이익증가율 등이 높아 미래성장 가능성이 높다고 판단하는 종목에 투자된다. 스타일ETF는 덩치와 성격에 따른 다양한 조합으로 적절한 자산배분이 가능하도록 해준다는 게 장점이다. 취향에 맞는 최적의 포트폴리오를 손쉽게 구성할 수 있다. 대상지수인 MFI지수는 에프앤가이드(www.fnguide.com)가 산출 · 발표한다.

▶ 해외지수 ETF '높은 활용성 돋보이는 투자대안'

현재 한국증시엔 중국, 일본, 브라질, 라틴, 브릭스 등 5개의 해외 ETF가 상장돼 있다. 향후 새로운 해외ETF가 대폭 늘어날 것이란데 이견은 없다. 해외ETF는 훌륭한 보완재다. 국내시장 침체 때 대안상품으로 활용할 수 있는데다 한 차원 높은 분산효과를 기대할 수 있기 때문이다. 금융의 세계화 시대에 어울리는 높은 활용도를 지닌 ETF로 손색이 없다.

ETF의 투자메리는 해외상품에서 가장 극명하게 드러난다. 일반 해외펀드(평균 2.9~4.9%)에 비해 운용보수 및 거래비용(평균 0.4~1.2%)이 저렴하고, 국내시장에서도 실시간 가격정보를 쉽게 얻을 수 있다. 게다가 환매제약 등이 없어 해외투자를 위한 자산으로 최적의 조건을 두루 갖췄다.

▶ 기타 ETF '다양해진 투자자 입맛 맞춘 신종상품'

전략ETF로 불리는 상품들이다. 2008년 이후 까다로워진 투자자 입맛에 맞춰 새로운 성격의 ETF가 속속 출시되고 있다. 삼성그룹주ETF는 한국최초로 특정 기업집단을 대상으로 한 지수로 삼성그룹 기업 중 시가총액이 큰 12개 종목을 편입했다. 과거 장기수익률이 KOSPI를 웃도는 양호한 실적을 보인 것으로 나타나 관심을 받고 있다.

블루칩ETF는 업종별 시가총액 상위 1·2우 종목 중 유동성이 풍부한 40개 종목으로 구성된다. 구성종목 비중을 동일하게 배정하는 동일가중방식을 채택, 시가총액가중방식 적용 때 생겨나는 개별종목의 과다한 영향력을 보완했다. 고배당ETF는 배당수익률이 높은 20종목을 현금배당 가중방식으로 편입한다. 역시 지수의 과거 장기수익률이 KOSPI를 웃돌며, 변동성도 KOSPI보다 다소 낮은 것으로 알려졌다. 최근엔 5대그룹 관련주에 투자하거나, 혹은 지수선물을 활용한 신종ETF도 출시돼 기타 ETF의 행동반경이 한결 넓어졌다.

☑ 섹터지수 종류 및 종목구성

명칭	해당산업	종목수
KRX Autos	자동차	20
KRX Semicon	반도체	0
KRX Health Care	건강	20
KRX Banks	은행	10
KRX IT	정보통신	30
KRX Energy & Chemicals	에너지화학	20
KRX Steels	철강	10
KRX Consumer Staples	필수소비재	20
KRX Media & Telecom	미디어통신	10
KRX Financials ex Bank	비은행금융	20
KRX Constructions	건설	20

• 주 : 기준일 및 기준지수는 2006년1월2일 1,000p(자동차, 반도체, 건강, 은행, 정보통신)로 하는 것과 2007년1월2일 1,000p(에너지화학, 철강, 필수소비재, 미디어 통신, 비은행금융, 건설)로 나뉜다.
• 자료 : 증권선물거래소

투자자별 궁합 ②
'성향 따라 덜 잃고 더 따는 법'

여기에선 투자성향의 양극단인 공격·보수적인 스타일을 예로 들어 ETF 투자전략을 살펴보자. 투자스타일에 따라 ETF에 대한 이해와 실천전략이 다를 수 있기 때문이다. 자신의 투자성향을 감안해 이해도를 높이면 좋다.

다만 아래내용은 대체적인 구분법에 따른 전략일 뿐 세세한 실천과제는 적당한 가감을 통해 자신만의 내용으로 채우는 게 바람직하다. 성향·연령·직업 등에 따라 세부전략은 차이가 날 수밖에 없기 때문이다.

먼저 공격적인 투자자라면 고위험·고수익 스타일에 익숙하다. 더디게 움직이는 지수투자보단 개별종목의 활발한 매매를 통해 만족감과 수익성을 챙기려는 부류다. 공격적인 성향의 투자자라면 기본적으로 인덱스 관련자산은 어울리지 않는다. 장기투자는 더더욱 힘들다. 단기테마나 이슈에 따라 들쑥날쑥한 가격변동성을 즐기기 때문이다. 인덱스펀드나 ETF를 좀 안다면 손사래를 치는 게 당연하다.

하지만 공격적이라 해도 ETF에 대한 관심은 필요하다. 자산배분의 효율성 제고측면은 물론 ETF로도 공격성향에 어울리는 투자가 가능하기 때문이다. 가령 섹터ETF나 해외ETF의 경우 개별종목 직접매매와 비교해 그다지 부족하지 않은 역동성을 보인다. 급변장세라면 더더욱 개별종목 주가변동성과 비슷하게 가격흐름의 급등락이 깊고 잦다.

따라서 이들 ETF를 활용할 경우 얼마든 짜릿한 손맛과 수익률을 기대할 수 있다. 특히 단기시각으로 몇몇 관심 있는 ETF를 집중 매매한다면 직접매매와 전혀 다를 바 없는 결과를 얻을 수도 있다. 앞으로 선진국처럼 레버리지ㆍ섹터로테이션ㆍ상품ㆍ공매도 ETF 등 손맛이 한층 보강된 신형ETF가 등장하면 공격자산으로의 활용도는 더 높아질 전망이다. 꾸준한 관심으로 이때를 대비해두는 것도 나쁘지 않다.

〰️ 공격적인 투자자들에게 'ETF로도 단기ㆍ집중매매 가능'

공격적인 투자자들의 대체적인 성향은 치고 빠지기의 단기투자와 부채까지 포함된 집중투자로 요약된다. 단기투자는 필연적으로 비용증가를 유발한다. 따라서 ETF를 공격적으로 활용하겠다면 무엇보다 거래비용을 낮추는 게 필요하다. 수수료가 저렴한 증권사를 고르자는 얘기다. 현재 증권사마다 매매수수료는 각양각색이다. 최저 0.015%(온라인)부터 소량매매일 경우 정액에 +α를 내야 하는 곳까지 다양하다.

여기에 0.23~0.66%의 운용보수도 고려해야 한다. 추가적인 투자수익을 제공한다는 점에서 공매도까지 감안한다면 더더욱 자신의 이익과 맞는 증권사를 고르는 게 현명하다. 같은 ETF라도 증권사에 따라 공매도가 가능할 수도, 아닐 수도 있기 때문이다. 비용이 줄고 편해야 부가수익도 가능한 법이다.

공격적인 투자자의 경우 해외투자에 대한 관심도 높다. ETF에도 해외시장을 추종하는 상품이 있으니 굳이 멀리할 필요는 없다. 다만 해외ETF라면 환율을 유념해야 한다. 환율상승(상대국 통화대비 원화가치 하락)일 경우라면 추가적인 환차익까지 예상할 수 있지만, 반대라면 환차손만큼 앉아서 수익을 빼앗길 수 있어서다.

즉 시세차익에 환차손익까지 포함해 최종수익률을 챙겨보는 습관이 필요하다. 또 해외ETF 가격엔 환율이 반영돼 있어 국내 ETF와 달리 대상지수와 시장가격 사이에 괴리가 있을 수 있다는 점도 명심하자.

성장·공격적 투자자라면 ETF는 자산방어를 해줄 훌륭한 수비수다. 수익을 위해서라면 기꺼이 위험을 감수하는 성향인 까닭에 자금의 상당액이 고위험·고수익자산에 배치됐을 확률이 높다. 펀드처럼 남의 손에 결정권을 맡기기보다 제 손으로 직접 주식매매에 나서는 경우도 많다. 포트폴리오가 위험자산만으로 아슬아슬하게 구성돼 있을 개연성이 높은 것이다. 따라서 비교적 안전자산으로의 분산 필요성이 높다.

이들에게 확정금리 상품 등 안전자산을 권하면 문전박대 당하기 십상이다. 그만그만한 수익도 맘에 안 들지만, 긴 호흡으로 보유할 자신도, 의지도 없기 때문이다. 그럼에도 불구, 적어도 ETF라면 포트폴리오에 편입시켜 안전판 기능을 강화할 유인책이 된다.

만의 하나 판세가 불리하게 돌아갈 경우 쪽박을 막아줄 최후 보루로서 기능할 뿐만 아니라 안전판 치고는 수익률도 짭짤할 수 있다. 모른 척 묻어둔다면 훗날 최대전과가 전방이 아닌 후방에서 거둬질 수도 있기 때문이다.

보수적 성향이면 'ETF로 속편하게 시간 낚아라!'

반대로 앞으로의 금융환경과 자산시장은 보수적 투자자들에게 꽤 불리해질 확률이 높다. 잠재성장률 자체가 낮아지는 저성장·저금리구조의 고착이 불을 보듯 뻔해서다. 인플레보단 디플레 쪽에 가깝다는 의미다. 실질금리 마이너스까지 예상된다. 이렇게 되면 기대수익도 낮춰 잡아야 한다. 옷금보전은 될지언정 안전자산이 가져다줄 +α의 수혜가 제로에 가까워지기 때문이다.

보수적인 투자자라면 새 시대에 어울리는 새로운 전략마련이 필수다. 지금까지처럼 안전위주의 투자전략만으로 자산 불리기란 하늘의 별따기인 까닭에서다. 저축에서 투자로의 패러다임 전환에 동참하잔 얘기다. 위험자산의 수용 없이 노후자금 마련도 힘들다. 보수적이라 해도 투자자금의 최소 20~30%는 고위험 · 고수익 자산에 배치하는 게 낫다.

특히 부동산 등 실물자산보단 금융자산에 관심을 가지자. 부동산은 더 이상 황금알을 낳는 자산이 아니다. 오를 수는 있겠지만, 그 폭은 제한적일 전망이다. 2000년대 이후의 버블시기 때처럼 과도한 상승은 기대하기 어렵다. 내 집 마련 차원에서 시장을 떠나선 곤란하겠지만, 지나친 집중배치와 무리한 자금동원은 경계대상이다.

반면 금융자산은 실물자산보다 비교우위에 있다. 시장규모가 큰데다 상품종류도 많고, 무엇보다 진입장벽이 낮다. 전문지식이나 투자노하우 등에서 열세이긴 하지만, 아마추어도 지지 않는 게임을 펼칠 수 있다.

보수적 투자자에게 어울리도록 설계된 신규자산도 증가세다. 안전자산이나 다름없는 위험자산의 등장이다. 과욕을 경계하고, 무리수를 두지 않는다면 금융자산은 노후자금 마련을 위한 중요한 디딤돌이 될 수 있다.

이럴 때 ETF는 보수 · 안전성향 투자자들에게 둘도 없는 대안이다. 증권가 상품 중 보기 드물게 보수적 투자자에게 어울린다. 우선 시장이 하락하는 체계적 위험만 빼면 시장평균을 추종하기 때문에 리스크가 크지 않은 게 매력적이다. 떨어져도 시장평균 정도에서 손실이 묶여 깡통 찰 염려도 상대적으로 낮다.

ETF 특유의 메리트가 극대화되는 장기 · 분산 · 적립투자에 충실하면 손실위험은 더 낮추고, 기대수익은 한층 높일 개연성도 충분하다. 단기 고수익이 목표가 아닌 까닭에 보통의 펀드처럼 펀드매니저의 대리인비용까지 낮출 수 있다. 이런 이유로 ETF는 고위험·고수익 상품이 절대다수인 증권가에선 자의반타의반 비주류일 수밖에 없다. 이는 반대로 고객가치를 실현하는 대표상품이란 말과 같다.

보수적이거나 혹은 중간적인 투자성향이라면 ETF만으로 포트

☑ 주요 섹터지수 구성종목 일람

종목	일람
KRX Autos	현대자동차 평화산업 기아자동차 한국단자공업 현대모비스 성우하이텍 한국타이어 대우정밀 현대오토넷 대원강업 한라공조 인지컨트롤스 금호타이어 에스엘 쌍용자동차 동양기전 대우자동차판매 카스코 넥센타이어 한국프랜지공업
KRX Semicon	삼성전자 소디프신소재 하이닉스반도체 신성이엔지 삼성테크윈 KEC 서울반도체 한미반도체 네패스 EMLSI 코아로직 코미코 엠텍비전 STS반도체 심텍 케이씨텍 테크노세미켐 이오테크닉스 텔레칩스 동진쎄미켐
KRX Health Care	유한양행 일양약품 한미약품 메디포스트 동아제약 경동제약 LG생명과학 광동제약 녹십자 일동제약 영진약품공업 삼진제약 코미팜 환인제약 부광약품 일성신약 대웅제약 보령제약 중외제약 동화약품공업
KRX IT	삼성전자 LG마이크론 LG필립스LCD 포스데이타 하이닉스반도체 대덕전자 LG전자 금호전기 삼성SDI 서울반도체 NHN CJ인터넷 삼성전기 웹젠 현대오토넷 네오위즈 엔씨소프트 우리이티아이 삼성테크윈 네패스 LS전선 코아로직 대한전선 플랜티넷 휴맥스 한국전기초자 신도리코 팬택앤큐리텔 다음 안철수연구소
KRX Banks	국민은행 중소기업은행 신한금융지주 부산은행 우리금융지주 대구은행 한국외환은행 전북은행 하나금융지주 제주은행

• 주 : 2007년 기준

폴리오를 꾸려도 좋다. ETF 패키지 안에도 위험과 수익이 적절히 나눠진 안전-위험성향의 개별상품이 있기 때문이다. 앞서 언급한 핵심 · 주변전략처럼 저위험 · 저수익 ETF를 중심에 배치하고, 고위험 · 고수익 ETF로 핵심을 감싼다면 그 자체도 훌륭한 자산배분이다.

극도로 보수적이라 해도 굳이 ETF와 만나지 않을 이유는 없다. 시장전체를 산다는 것만으로 맘 편하게 ETF를 매수하면 된다. 시장평균만큼 안전한 투자대상도 없잖은가. 정 불안하면 시장대표지수 ETF만으로 위험자산 몫을 배치해도 괜찮다.

나머지는 예 · 적금을 비롯해 예금자보호가 가능한 확정금리상품에 주력하고 절세전략에 포커스를 두면 된다. 그 뒤 점차적으로 투자경험과 노하우를 익힌 후 섹터 · 스타일 · 해외 · 전략 ETF 등으로 관심을 넓혀가는 전략이 바람직하다.

다만 보수적이라면 ETF투자자금은 철저히 여윳돈이어야 한다. 강조컨대 안정성이 탁월하다는 ETF조차 100% 원금을 지킬 수 있는 건 아니다. 누구도 보장할 수 없는 위험은 상존한다. 손실확률이 적을 뿐 투자손익은 얼마든 발생할 수 있으며, 이 경우 이유야 어쨌든 책임은 고스란히 고객 몫이다. 잃어도 됨직한, 충격이 적은 자금만으로 투자하길 권한다.

✎●✖ 2030세대와 ETF

초년병이라면 ETF로 버핏 수학을…
'일찍 시작해 오래 굴리면 노후대책 끝!'

평균수명 80세 시대다. 집 사랴, 교육비 대랴 가까스로 하루하루 버텨왔지만 남은 건 피곤한 몸에 빈털터리 통장뿐인 노년세대가 수두룩하다. 반대로 인생 1막의 전반부인 20~30세대가 얼마나 중요한지 단적으로 알 수 있다. 일찍부터 준비하면 모든 게 달라진다. 출발은 미약해도 끝은 풍요롭게 맞이할 수 있다. 수명연장을 축복으로 즐기자면 사는 게 좀 빡빡해도 20대부터 전략적인 삶을 살아야한다.

새내기 직장인에겐 모든 게 기회다. 어떤 그림이든 맘껏 그릴 수 있는 시간과 권리가 허락돼 있어서다. 그 첫 걸음은 생애설계에 바탕을 둔 재무계획을 세우는 데부터 시작될 필요가 있다. 낙관·적극적인 사고로 당당한 노후를 준비하자. 종자돈이 있으면 스타트는 빠르겠지만 도착까지 앞당겨주지는 않는다. 더 중요한 건 열정과 의지다. 관심과 열정을 갖고 하나하나 실천하다보면 어느 새 목표에 도달했다는 건 앞선 이들의 공통경험이다.

실제로 재테크에 눈뜬 젊은이들도 급증세다. 자산증식의 최대원칙이 '복리의 법칙'임을 감안하면 꽤 바람직한 현상이다. 일찍 시작해 오래 벌면 불가능한 노후목표란 없다. 시간-의 힘 때문이다. 워렌 버핏은 "시간이야말로 투자자의 포트폴리오어 영향을 미치는 가장 큰 변수"라며 "복리의 매력은 시간이 지날수록 마술을 부린다"고 했다. 월가에선 복리의 파워를 그래서 '버핏 수학'이라고 부른다. '버핏 수학'엔 해답에 이르는 공식도 많다. 자산증식 수단이 다양해진 덕분이다. 예전엔 고작해야 저축·부동산·주식 등에 불과했지만 요즘엔 일일이 셀 수 없을 만큼 투자대상이 다양해졌다. 금융 테크닉이 발전하면서 신종상품이 봇물처럼 쏟아진다. 20~30세대 라면 새로운 투자자산의 적극적인 활용을 통해 경제적 부가가치를 창출할 수 있는 부의 선순환 곡선에 올라타야 한다.

ETF는 이런 점에서 젊은 세대들에게 최우선으로 보유해야 할 후보 자산 중 하나다. 속편한 시장평균 투자로 놀라운 투자스토리를 쓸 수 있기 때문이다. 문제는 장기·분산·적립효과의 극대화인데, 이를 위해서도 2030세대는 많은 비교우위를 갖췄다.

젊기에 일찍 시작할 수 있고, 목돈이 없기에 매월 소액씩 나눠 살수 있으며, 특히 살아갈 날이 길기에 장기간 시장 전체를 사는 투자가 가능해서다. 버핏 수학의 자연스런 실현이다. 게다가 젊은 나이 특유의 짧은 호흡은 ETF의 매매시스템과 맞아 떨어져 승수효과를 낼 수도 있다. 다만 지나친 단타지향은 바람직하지 않다.

젊다면 위험자산 편입은 선택이 아닌 필수다. 연령대나 투자성향 등을 고려해 적절한 포트폴리오를 갖추는 게 필요한데, 특히 2030세대라면 위험자산에 대한 집중적인 관심·실천이 요구된다.

미국에선 자산배분 때 120에서 본인나이를 뺀 수치만큼 주식 등 위험자산에 투자하라는 120의 법칙까지 있다. 30세라면 투자자금의 90%를 주식에 넣고 10%는 안전·현금자산으로 보유하라는 의미다. 젊은 나이에 벌써부터 안전자산만 선호하고 그나마 소액을 고도로 분산시킨다면 자칫 득보다 실이 많을 수 있어서다.

지금의 2030세대는 격차심화의 최대피해자다. 공적연금만 해도 더 내고 덜 받는데, 경제구조마저 저성장으로 바뀌어 가처분소득을 높일 방법이 눈에 띄게 줄었다. 장기·안정적인 근로소득 확보과제도 경제여건상 힘들어졌다. 더 가진 기성세대와 못 가진 신규세대와의 자산순환이 막혀버렸다는 얘기다.

와중에 필요한 노후자금은 더욱 늘어났다. 은퇴자금과 관련해선 20배원칙이 있다. 은퇴 후 연간 필요생활비에서 기존준비금(국민 · 퇴직연금 등)을 뺀 금액의 20배를 현역 때 파킹해둬야 한다는 목표치다.

가령 은퇴 후 연 4,000만원이 필요한데, 이중 1,000만원을 연금으로 충당한다면 3,000만원의 20배인 6억원을 모으자는 의미다. 금리 5%로 3,000만원의 이자를 받자면 6억원을 예금해둬야 해서다. 만약 시중금리가 3%대라면 10억원이 필요하다. 이땐 33배의 원칙이다. 상당수 연구기관이 발표한 필요 노후경비가 4억~7억원임을 감안하면 현실성이 높은 필요금액이다.

그렇다면 이 돈을 어떻게 마련할 것인가 사실상 위험자산 편입밖에 방법이 없다. 공격적으로 운용해 기대수익을 높이는 게 2030세대의 핵심전략이다. ETF만이든, ETF를 다른 자산과 섞든 $+\alpha$를 높여야 한다.

투자기간이 길어야 함은 당연하다. 1,000만원의 원금을 넣고 연 기대수익을 10%로 잡았다면 10년 후 2,590만원이지만, 30년 후엔 무려 1억7,000만원으로 불어난다. ETF로 투자한다면 적어도 10년은 내다볼 필요가 있다. 못 견뎌도 3~5년은 기본이다. 최선책은 ETF를 사두고 잊어버리는 것이다.

자칫 지나치기 십상이지만 사회 초년병들은 투자할 기간과 방법이 많다. 그럴수록 기본에 충실할 필요가 있다. 자신이 어떤 ETF에 투자하는지 명확히 알아야 포트폴리오 배분을 비롯한 맞춤투자가 가능하다.

ETF도 종류가 천차만별이다. 섹터 · 스타일 · 해외 · 전략 등 주변부에 주로 배치되는 ETF의 수익률 격차는 불가피하다. 운용사 홈페이지를 통해 본인의 ETF를 확실히 이해하려는 습관이 필요하다.

P·A·R·T 3

ETF의 장밋빛 미래 '포트폴리오의 핵심자산'

● 해외상황 '금융선진국일수록 ETF는 주류자산' ● 관심자산의 확대 '현미경 vs 망원경의 승자판정' ● ETF 부작용에 대한 경고문 '보글의 걱정' ● ETF 성장탄력 위한 조건 '공정경쟁의 경제학' ● 미래전망 'ETF가 히트상품이 될 수밖에 없는 이유'

해외상황 '금융선진국일수록 ETF는 주류자산'

"적은 비용을 의식하라. 작은 구멍 때문에 큰 배가 침몰한다."
투자대가인 벤저민 프랭클린의 말이다. 거물이 권하는 인덱스
펀드의 투자이유는 이처럼 간단하다. 하지만 실천이 늘 문제다.

먹는 걸 줄이고 운동하면 건강해진다는 건 상식이지만, 실천
하는 이가 드문 것과 똑같다. 여전히 화려한 마케팅으로 치장한
액티브펀드에 쌈짓돈을 몰아넣는 이들이 있는 것과 같은 이치다.

2008년 월가의 금융쇼크는 충격이 대단했다. IMF체제로 요약
되는 60년 역사의 자본주의 시스템마저 단번에 뒤흔든 대형사고
(?)였다. 월가의 자존심은 땅에 떨어졌다. 다만 순기능도 있으니
나쁘게만 볼 일은 아닌 듯하다. 반성과 성찰의 계기다. 동시에 맹

목적인 추종을 받던 인기상품의 아픈 진실도 알게 됐다. 시장을 이길 수 있다던 선입견이 깨진 건 물론이다.

이로써 앞으로 금융쇼크의 순기능이 제대로 발휘되면 현명한 투자를 완성하는 훌륭한 도약대가 될 수 있다. 이미 그 가능성은 타진되고 있다. 최근 똑똑한 투자자들의 관심자산으로 떠오른 인덱스펀드·ETF 등 시장추종적인 금융상품의 인기확산이 대표적이다. 한국을 비롯해 여전히 이들 상품의 활용도가 낮은 게 사실이지만, 시간이 약이듯 본격적인 주목을 받으면 최적의 명품자산으로 자리매김할 날도 멀지 않았다.

최근 미국·유럽을 비롯한 금융선진국에선 시장을 이기려는 노력의, 말도 안 되는 무의미함을 절실히 깨닫고 있다. 반대로 시장을 따르고 닮으려는 합리적인 선택은 증가세다. 인덱스펀드와 ETF시장의 규모증가가 이를 방증한다. 특히 장기·분산·적립투자로 시장과 함께 했을 때가 시장에 도전할 때보다 오히려 만족스런 결과물(수익률)이 나온다는 연구결과도 속속 발표되고 있다.

📈 모두가 놀란 급성장 'ETF는 선진국 가계 필수자산'

요컨대 시장평균을 좇는 것이야말로 부자 되는 지름길이란 인식이다. 밋밋한 인덱스펀드로 시장전체를 사거나, 혹은 더 낮은 비용에 환금성까지 곁들여진 ETF로 시장전체를 거래하는 것이 시장을 이기겠다는 펀드매니저를 고용하는 것보다 낫다는 얘기다.

실제로 최신 금융상품의 주요무대이자 오랜 기간 경험을 통해 투자세계의 진실을 많이 접한 금융선진국 가계들은 시장전체에 자산의 상당부분을 배치하고 있는 추세다. 그 일등공신이 바로 인덱스펀드, 특히 ETF다.

해외에서 ETF는 이미 보편적인 투자자산으로 정착됐다. 90년대 중반 이후 본격적으로 투자열기가 고조됐다는 점을 감안하면 불과 10여년 만에 선진국 가계의 중심자산 중 하나로 성장했다고 해도 과언이 아니다. 단기간에 이렇듯 급성장한 사례는 보기 드물다. 포트폴리오의 한축을 담당하는 상품답게 ETF는 보유비중 차이는 있을지언정 남녀노소를 막론하고 필수자산으로 인식되고 있다.

ETF는 미국에서 처음 등장했다. 1987년 블랙 먼데이 이후 주가지수 파생상품과 연계된 차익거래, 프로그램 매매 등이 주가폭락의 배경으로 지적되면서 이를 대체할 상품으로 개발됐다. 현물시장의 충격 없이 프로그램 및 바스켓 매매수요를 대체하기 위해서다. 부작용과 한계를 극복하기 위해 고민 중이던 한 전문가의 기발한 아이디어가 ETF를 탄생시킨 주역인 셈이다(자세한 내용은 박스기사).

세계최초이자 미국최초의 ETF는 1993년 상장된 SPDR이다. 'S&P Depositary Receipt' 의 약자로 통상 'Spider' 로 불린다. S&P500을 추종하며, ETF 중 현재 순자산가치가 가장 크다.

2호 상품은 S&P400을 추적하는 MidCap SPDR이다. 다만 처음엔 소외됐으며, 각광을 받기 시작한 건 90년대 중반 이후다. 96년 국제주가지수를 이용한 17개의 ETF가 상장되면서 본격적인 상품개발이 진행됐다.

세계 ETF시장은 2008년 3월 현재 1,280개 상품에 순자산이 7,608억달러에 달한다. 2003년 282개·2,120억달러대였으니 4년여 만에 400% 넘게 성장했다.

특히 ETF에 필이 단단히 꽂힌 미국에서의 성장세가 가파르다. 612개의 ETF에 5,344억달러(2008년 3월)가 몰려있는데, 이는 세계 ETF시장의 70%(순자산총액 기준)에 해당하는 규모다. 상품숫자로도 절반이상이 미국태생이다.

시장규모를 보면 ETF는 주로 금융선진국에 몰려있다. 투자자산에 밝고 시장을 리드하는 그들만의 금융상품임을 단적으로 알 수 있다. 이는 반대로 금융시장 세계·개방화와 맞물릴 경우 개도국을 비롯해 후발국가에도 급속히 전파될 수 있음을 의미한다. 시장성장을 놓고 봤을 때 고무적인 장밋빛 전망이 가능한 이유다.

실제로 시장을 거의 독점하고 있는 곳은 미국이다. 상품의 절반, 순자산총액의 70%가 미국 몫이다. ETF 원조다운 행보다. 그 다음이 유럽이다. 상품숫자는 479개로 미국보다 조금 적지만, 순자산총액은 1,452억달러로 미국의 27%에 불과하다. 세계시장에서의 유럽점유율은 상품숫자·순자산총액이 각각 37%, 19%다. 미국과 유럽을 합하면 세계시장 점유율이 85%(숫자), 89%(순자산총액)에 달한다.

아시아에선 일본의 ETF시장이 돋보인다. 2008년 3월 현재 37개 ETF에 332억달러가 배치돼 있다. 다만 일본의 경우 미국·유럽과 달리 특이한 모습이 목격된다. 2003년 말 순자산총액(276억달러)은 유럽(204억달러)보다 더 많았는데, 이후 역전됐기 때문이다. 지금은 유럽이 일본보다 5배 이상 규모가 더 크다. 상품숫자는 무려 13배다. 유럽이 꾸준히 성장한 것에 비해 일본은 지지부진한 흐름을 보인 결과다.

참고로 조만간 아시아시장에서의 ETF 주도권은 한국이 쥘 공산이 크다. 상품증가가 본격적으로 진행됐던 최근 2~3년 새 일본을 위협할 만큼 공격적으로 성장했기 때문이다. 특히 새로운 추적지수가 속속 개발되면서 2008년에만 15개의 신규 ETF가 등장했다. 여전히 숫자나 순자산총액이 일본보다 적지만, 성장속도를 감안할 때 조만간 아시아 1위 시장자리에 오를 것으로 평가받는다.

펀드선진국 미국 ETF시장까지 독점 '전망 장밋빛'

실제로 ETF를 둘러싼 선진국에서의 보편적인 인식은 긍정적이다. 21세기 최고의 금융상품이란 수식어도 빠지지 않는다. 짧은 역사에도 불구, 맹렬한 기세확장 속에 금융시장 인기몰이의 주역으로 떠오른 데는 그럴만한 이유가 있다. ETF 특유의 장점이 일반가계에까지 입소문을 타고 있다. 추적대상만 해도 대표지수뿐이던 게 섹터·스타일·해외지수로 확대되더니 이젠 채권·통화·상품 등에까지 영역을 확대하고 있다.

선진국시장에서 ETF를 비롯한 인덱스펀드가 인기를 끄는 이유는 간단하다. 우선 겉만 화려했지 들어놓고 보니 부실천지의 액티브펀드에 대한 반성과 대안모색 차원에서다. 평균으로 놓고 봤을 때(물론 액티브펀드 중 수익률 상위펀드는 천문학적인 고수익을 거두기도 하지만, 극소수에 불과하며 그 수익률조차 오래 지속되기도 힘들다) 액티브펀드를 통한 초과수익 달성이 그만큼 힘들어졌다는 데 인식을 같이 한다.

실제로 미국의 경우 IT버블이 꺼진 2000년대 초반 이후 화려한 명성을 자랑했던 액티브펀드의 몰락이 본격화됐다. 2002년 주식형펀드로 몰려든 자금 중 66%가 인덱스펀드로 유입됐고, 27.4%는 ETF로 투자된 것으로 나타났다(2008.10.30 한경).

고비용·저효율로 대부분 업계중심적인 펀드보단 속 편하게 시장전체에 분산해 장기에 걸쳐 자산을 묻어두는 게 낫다는 판단이다. 2008년의 금융쇼크가 진정되면 이처럼 건전하고 바람직한 ETF 투자가 한층 늘어날 것으로 보인다.

동시에 포트폴리오 투자효과와 필요성에 대한 인식증대도 ETF 등 신규자산의 관심확산으로 이어진다. 알려진 것처럼 선진국 가계의 보편적인 자산 포트폴리오는 비교적 잘 분산돼 있는 편이다. 실물과 금융자산의 적절한 비중조합이다.

2006년 기준 미국가계의 금융자산은 40%대의 주식, 30%대의 보험·연금, 10% 안팎의 예금과 채권 등으로 구성된다. 매년 자산별 증감은 있지만, 급격한 변화는 없다. 특히 연기금이나 펀드 등을 통한 주식자산 보유비중이 높고 보유기간도 길다.

그나마 금융자산 보유비중은 증가세다. 펀드선진국답게 간접투자 비중이 높고, 이 과정에서 ETF 등 신규자산에 대한 관심도 자연스레 늘고 있다. FRB 조사에 따르면 미국의 가계자산 중 금융자산 비중은 90년대 이후 꾸준히 늘어나 현재(2007년 말) 67%

수준이다. 장기 · 분산 · 적립효과에 근거한 바람직한 투자문화의 정착 덕분에 ETF를 비롯한 펀드시장의 의존도와 존재감이 높다.

영국도 46%(2006년 말)로 매년 증가세다. 특히 영국은 정부차원의 장기투자 캠페인이 주목된다. 삶의 질 향상과 자본주의 발전을 목표로 저축과 투자비율을 높이는 데 관심이 많다. 출생에서 사망에 이르기까지 투자가 결부되지 않은 적이 없을 정도다.

자연스런 장기투자 관행정착을 통해 국민들의 노후대비 등 실질적인 효과까지 기대한다. 가령 16세까진 어린이펀드(CTF)에, 이후 경제활동시기엔 개인종합저축 · 투자계좌(ISA)에, 또 퇴직 이전엔 연금을 들도록 권유받는다. 모두 연결돼 장기투자가 가능토록 설계했다. 장기투자에 대한 세제우대와 보조금지원도 특징적이다.

⌣ 한국 성장잠재력 굿 'ETF 안 할 이유 없다!'

한국은 어떨까. 미국 · 유럽처럼 최근 장기투자 문화가 전파되고, 적립식펀드 붐 등에 힘입어 펀드자산이 단기간에 급증한 건 사실이다. 하지만 여전히 선진국에 비하면 열악한 수준이다. 전체 가계자산 중 펀드비중은 미국(15.5%), 영국(4.8%), 일본(3.1%)보다 낮은 1.4%에 불과하다. 반면 금융자산의 절반가량은 현 · 예금 위주다.

시각도 짧다. 1940~95년 미국 펀드투자자들의 3/4가 증시시황과 무관하게 펀드를 보유했다지만, 한국은 악재충격에 민감하고 가입과 환매도 반복적이다.

바꿔 말해 여전히 개전의 정이 많으며, 펀드시장의 성장잠재력도 상당하다. 이런 점에서 ETF를 비롯해 고객이익을 우선한 신규상품이 늘어나면 펀드비중도 계속해 증가할 여지가 충분하다. ETF가 자랑하는 투자메리트가 확산되면 포트폴리오의 일부로 각광받을 수 있다는 얘기다. 조짐은 이미 목격되고 있다.

향후 나라밖의 ETF시장은 지금처럼 탄탄한 성장가도를 달릴 것으로 보인다. 모건스탠리에 따르면 2011년까지 무려 2조달러 수준의 자산규모가 예상된다. 시장성장을 예견할 수 있는 징후들도 구체적이다. 무엇보다 상품종류의 다양성이 본격적이다. 그간 주가지수 일변도에서 최근엔 실물·에너지 등으로까지 응용성이 확장되고 있다. 가격변동에 따른 자산시장별 보완성이 한층 개선되는 셈이다.

안정적인 ETF와 공격적인 액티브펀드를 포트폴리오로 묶은 번들상품도 금융선진국에선 인기다. 고객이 원하는 포트폴리오를 구성할 때 ETF와 액티브펀드를 입맛 따라 조정·배분해 원하는 수준에서 수익과 위험을 나눈 형태다.

극도로 보수적인 일본만 해도 실물, 금, 은 밀 등을 기초자산으로 한 ETF 개설에 의욕이 많다. 까다로운 입맛의 고객취향에 맞추고 분산된 수요를 묶기 위해선 불가피한 대세라는 평가다. 실제로 2007년 8월 금 ETF가 출시되기도 했다.

향후 한국사회는 서구선진국처럼 (초)저금리·저성장과 함께 고령화시대의 도래가 불가피하다. 인구구조 덕분에 과거 경제성장 그래프가 가팔랐던 만큼 향후 성장엔진이 힘을 발휘하지 못할 때의 충격파도 클 전망이다.

즉 향후의 시장시스템에선 +α의 수익률조차 창출하기 힘들게 됐다. 과도한 실물자산(부동산 등)이나 안전자산만으론 안 된다는 의미다. 금융자산 포트폴리오의 재구성·구축이 필요하다. 리스크 관리장치가 보완된 ETF 등 펀드투자는 물론 주식 등에도 적절한 배분이 필요해졌다.

금융자산, 특히 위험자산에 대한 관심은 곧 ETF로선 둘도 없는 기회다. 어차피 안전 → 위험자산으로의 패러다임 전환이 단번에 완성되지 않는다는 점을 감안하면 ETF야말로 과도기적 자산으로 손색이 없어서다.

물론 지금의 ETF시장은 큰손들의 몫이다. 공매도·차익거래(헤지) 등의 이유로 개인투자자보단 기관투자가 등 큰손들이 주로 참가한다. 하지만 분위기가 무르익으면 개인투자자들의 시장참가도 본격적일 것으로 추정된다.

☑ 해외 ETF시장 규모

구분	2003.12		2005.12		2007.12		2008.3	
	순자산 총액	상품수	순자산 총액	상품수	순자산 총액	상품수	순자산 총액	상품수
미국	1,507	117	3,042	204	5,807	601	5,344	612
유럽	204	104	549	165	1,279	423	1,452	479
일본	276	18	317	13	342	16	332	37
기타	132	43	260	71	533	131	480	152
전세계	2,120	282	4,168	453	7,961	1,171	7,608	1,280

• 주 : 단위(억달러 · 개)
• 자료 : 증권선물거래소

한국의 ETF시장은 특히 매력적이다. 2000년대 이후 비합리·비이성적인 자산인플레와 자산디플레를 경험했기에 이 사이클이 회복되고 안정적인 성장궤도에 진입하면 ETF를 비롯한 인덱스펀드에 대한 관심은 늘어날 수밖에 없다. 분산효과와 매매편의성, 운용투명성, 저렴한 운용보수 등이 강조되고, 주식, 채권, 상품, 외환 등의 투자대상도 다양화되면 ETF는 선택이 아닌 필수자산으로 승격할 수 있다.

통계적으로 봤을 때 펀드매니저의 1년 평균수익률이 시장평균을 초과할 확률은 30%에 불과하다는 결과가 있다. 더불어 같은 매니저가 2년 연속 시장평균을 이길 확률은 10%로 줄어든다. 3년 연속이면 1%에 그친다고 알려졌다. 반복컨대 이 근거만큼 당신이 인덱스펀드나 ETF에 투자해야 할 확실한 이유도 없다.

🖋 ●🔽 🔍 ETF의 탄생비밀

90년대 중반 이후 급성장…
기발한 아이디어가 펀드시장 앙팡테리블로

ETF의 상품구조는 파격적이다. 분산·장기투자가 전제로 붙긴 하지만, 통제된 위험대비 기대수익이 높은 혁신자산이다. 물론 지금이야 기본구조가 오픈돼 신선도(?)가 떨어지지만, ETF가 처음 제안·출시됐을 때 고객반응은 사뭇 놀라웠을 것으로 추정된다. 누구나 원했지만 쉽게 만들어질 것으로 여겨지지 않았기 때문이다.

한국증권연구원의 2002년 보고서 〈펀드형 금융신상품 연구〉에 ETF의 탄생과 성장스토리가 잘 기술돼 있다. ETF는 1976년 〈The Purchasing Power Fund: A New Kind of Financial Intermediary〉란 논문에서 처음 소개됐다. 닐스 하칸손(Nils Hakansson)이 고안해낸 신규상품으로, 미리 정해진 시장수익률을 제공하는 인덱스펀드로 구성된 새로운 개념의 금융상품이다.

ETF의 탄생을 가능하게 해준 과도기적인 개념도 있다. SuperTrust다. 80년대 후반 LOR이라는 협회는 헤지상품인 'Purchasing Power Fund'의 수요를 기대했다. 그래서 IBM연금펀드처럼 대형기관과 연계해 SuperTrust를 착안해냈다. Hakansson의 인덱스펀드 아이디어에서 도움을 얻었다. 단 SuperTrust를 위해선 그 기초자산이 거래소에 상장돼야 하고, 일상적인 청약·환매가 가능해야 했는데, 이것이 오늘날의 ETF에 해당한다.

1990년 LOR은 SuperTrust를 위한 기초자산으로 SEC(증권거래위원회)가 ETF 설정을 허용하도록 청원했다. 더불어 LOR은 S&P500을 대상으로 상품을 만들었고, 이를 'Index Trust SuperUnit'라고 명명했다. 곧 SEC는 LOR이 투자회사법으로부터 면제될 수 있도록 허용했고, 이로써 ETF도 출시됐다. 다만 결과적으로 이 상품은 실패했다. 헤지상품으로 마케팅이 됐지만, 자체생존이 불가능하다고 판단됐기 때문이다.

ETF의 실제적인 탄생은 1988년이다. AMEX(미국증권거래소)에 근무하던 나단 모스트(Nathan Most)가 창고물품 보관증이 물리적인 실물이동 없이 증서형태로만 거래되는 것에 고안해 개발해냈다. AMEX와 TSX(토론토증권거래소)가 공동 개발했지만, 미국의 승인 지연으로 캐나다에서 먼저 상장·거래됐다. 이때가 90년 3월이다.

미국 최초의 ETF는 1993년 1월 상장된 SPDR이다. SPDR은 'S&P Depositary Receipt'의 약자로 줄여서 'Spider'로 불린다. S&P500을 추종하도록 설계됐으며, 현재 ETF 중 순자산가치가 가장 큰 대형펀드 중 하나다.

ETF는 1호가 출시된 이후 처음엔 조명을 받지 못했다. 90년대 중반까지 지지부진하다 97년부터 갑자기 수탁고가 늘어나기 시작했다. 이후 매년 2~3배씩 압축적인 고성장을 달성하며 2002년엔 총 102개로 늘어났다. 2008년 3월 현재 미국에서만 612개의 ETF가 총 5,344억달러의 순자산을 보유하고 있다. 글로벌단위에선 모두 1,280개 ETF에 순자산총액만 무려 7,608억달러에 이른다.

ETF 상품개발은 두 회사가 양분한다. BGI(Barclays Global Investors)와 SSgA(State Street Global Advisors)가 ETF 개발의 양축이다. 압도적으로 앞서는 곳은 BGI로 섹터·국제지수 등을 활용한 상품개발에 장점이 많다. SSgA는 최초의 ETF이자 순자산가치가 1위권인 SPDR 개발에 참여한 기록을 갖고 있다. 현재 치열하게 경쟁 중이다.

아시아에선 홍콩이 ETF시장의 원조다. 99년 11월 SSgA의 도움으로 아시아 최초의 ETF 상품인 TraHK를 상장·거래하기 시작했다. 98년 아시아 외환위기 당시 매입주식의 시장매각에 따른 물량충격을 우려했던 홍콩정부가 제도도입을 서둘렀던 결과다. 초기엔 ETF의 절반이상이 미국 AMEX 상품을 파일럿 프로그램으로 도입·운영했다. 파일럿 프로그램이란 미국시장에 상장된 글로벌주식의 거래를 홍콩거래소에 허용하는 것을 말한다. 이후 BGI도 가세해 시장 성장에 기여했다.

일본은 2001년 도쿄·오사카거래소에 5개의 ETF를 상장시키면서 첫발을 뗐다. 역시 홍콩과 비슷한 이유긴 매도물량의 시장충격 없이 현금화할 수 있는 대안차원에서 도입됐다. 도입 이후 시장은 급성장했다. 금융기관이 보유 중인 상호주가 시장에 나오자 개인투자자들이 ETF 거래증가를 통해 그 물량을 해소하는 등 일정부분 도입효과도 봤다.

한편 오사카거래소는 FTSE 일본지수를 대상으로 한 ETF도 설립, 2002년부터 상장·거래하고 있다. 330개 종목으로 구성된 이 ETF는 국제적인 분산투자를 원하는 해외자금이 일본주식을 운용하는 효과적인 투자수단으로 각광을 받고 있다.

관심자산의 확대 '현미경 vs 망원경의 승자판정'

'직접투자 vs 간접투자'

어느 쪽이 나을까. 확답하기 어려운 문제다. 투자교과서엔 대개 간접투자를 권유하지만, 실전에 임하는 아마추어라면 일정부분 직접투자가 낫다고 응원하는 시각도 적잖다. 동시에 간접·직접투자의 정의·기준도 애매하다. 투자자마다 성향과 조건이 달라 직접 혹은 간접투자의 기준점이 다르기 때문이다.

일단 ETF와 관련해 간접투자의 장점부터 보자. 여기서 간접투자란 펀드에 한정한다. 펀드투자는 본업에 바빠 직접투자를 위한 별도의 노력·시간을 쏟을 수 없을 경우 걸맞다. 전문지식과 경험부족의 문제도 해결된다. 탁월하고 믿음직한 대리인(펀드매니저)이 있다면 투자효과는 더 커진다.

가치투자 선구자인 벤자민 그레이엄은 "다양한 유혹억제 등 펀드는 직접투자에 비해 여러모로 유리하다"며 "특히 보수적인 투자자라면 우량주 위주로 편입하는 펀드가입을 권유할 만하다"고 전했다.

그렇다면 직접투자는 어떨까. 간접투자의 단점은 곧 직접투자의 장점이다. 펀드투자의 한계는 크게 대리인문제(펀드매니저의 능력과 환경한계)와 비용문제로 요약된다. "성공보단 그럴싸한 실패를 선호하는 펀드매니저들"이란 피터 린치의 지적처럼 대리인에게 맡겨 만족스런 성과를 얻은 사례는 없다는 게 역사적 경험이다. 그러면서 실력대비 과도한 비용을 온갖 명목으로 떼는 것도 부담스럽다. 펀드투자로 돈 버는 건 고객(투자자)이 아닌 운용사와 펀드매니저뿐이란 지적이 있을 정도다.

직접 · 간접투자의 경계자산 ETF '장점만 채택하라'

바꿔 말해 직접투자와 간접투자는 일장일단이 있다. 무엇을 선택하든 개인적 차원에서 최적의 투자효과를 내도록 상황설정을 하는 수밖에 없다. 사견임을 전제로 직접투자와 간접투자는 불확실성이 난무하는 21세기의 생존전략으로 모두 필요한 투자방법이다. 한 가지 방법만 굳이 고집할 이유도 없으며, 그렇게 해서도 안 된다. 가시적인 성과는 둘째 치고 눈에 보이지 않는 잠재효과가 상당해서다.

특히 투자경험이나 투자자금이 적은 아마추어일수록 더 그렇다. 처음부터 두 전략을 모두 채택하기 힘들면 하나에 집중하되, 나머지 하나도 계속해 관심을 가지는 게 좋다. 쓸데없는 편견과 오해로 추가적인 투자기회를 놓쳐선 곤란하다. 초보라면 간접투자로 시작하는 게 낫다. 워밍업을 거친 뒤 직접투자에 나서도 늦지 않아서다.

이때 유효한 투자도구가 바로 ETF다. ETF라면 펀드투자와 직접투자의 보편적인 딜레마를 한꺼번에 해결할 수 있기 때문이다. 즉 ETF 투자로 간접·직접투자의 기대효과를 동시에 거둘 수 있다. ETF 자체가 간접과 직접투자의 경계선에 선 융합상품인데다 둘의 장점을 긍정적으로 조합한 자산이기 때문이다.

시장전체를 매입해 분산효과를 그대로 지킨 펀드이면서 직접투자처럼 실시간 매매가 가능하고, 여기에 비용까지 낮춘 덕분이다. 과도하게 잦은 매매 등 부작용만 키우지 않는다면 둘도 없는 매력덩어리 자산이다.

ETF라면 투자지평을 넓히는 데도 제격이다. 투자세계에선 현미경도 좋지만 망원경이 더 효과적일 수 있다. 특정종목·업종 등의 투자단위를 좁고 자세히 분석하는 것보단 전체를 아우르는 시장흐름에서 결정적인 투자정보를 얻는 경우가 많아서다. 나무보다 숲을 보자는 투자격언과 맥이 닿는다.

물론 개별종목의 직접투자 때라면 바텀 업(Bottom-up)을 지향하는 현미경이 필요하지만, 이것조차 전체 기상도의 영향을 받는다면 톱 다운(Top-down)에 큰 힘이 되는 망원경이 더 결정적인 도구가 될 수 있다.

ETF에 관심을 갖는다면 장기적인 차원에선 승률을 높이는 투자지식과 실력을 쌓는 데도 큰 도움이 된다. ETF의 가격·가치를 결정하는 최소단위는 동일성격의 개별자산이 여러 개 모여 평균화된 시장·업종지수다. 그만큼 미시·거시변수의 종합적 반영에 의해 움직이기 때문에 세세한 단기변동을 기대하긴 어렵다.

즉 망원경을 통해 다양한 변수를 포착하고, 또 이를 바탕으로 큰 그림을 그리는 게 중요하다. ETF투자자라면 관심사가 넓어지고, 이것이 또 자연스레 투자통섭으로 연결될 수밖에 없다.

〰️ 포트폴리오 강조시대 'ETF 선점해 일석삼조 노려라'

모든 투자자산은 결국 서로 연결된다. 독립적으로 움직이는 것 같아도 크게 보면 작동원리는 동일하며, 가격시스템도 상호관계에 의해 영향을 받는다. 단절된 투자시장이란 없다. 채권과 주식이 엮이고, 부동산과 펀드가 연결되며, 국내시장과 해외시장이 단일변수에 의해 일정한 방향성을 갖는 시대다. 자산시장의 기본적 특징과 게임의 룰만 이해하면 어떤 자산이든 손쉽게 접근할 수 있는 이유다.

ETF는 그 자체로 균형 잡힌 자산배분이 가능한 훌륭한 명품상품이다. 하지만 ETF시장에 데뷔하면 덤으로 투자지평을 넓히는 행운까지 잡을 수 있다. 추적지수의 추가적인 개발경쟁이 본격화되고 있다는 점을 감안, 한번 진입하면 저비용(시행착오 포함)으로 새로운 유형의 미래지향적인 ETF는 물론 관련정보까지 쉽게 얻을 수 있다는 얘기다. 이 과정에서 집중투자의 한계도 자연스레 극복할 수 있다.

향후의 투자시장은 포트폴리오의 시대다. 잠깐씩 의도적인 집중투자는 필요하겠지만, 대세는 분산투자에 포커스가 맞춰진다. 투자기간이 긴 젊은 세대라면 특히 그렇다. 하지만 분산투자는 어려울 뿐 아니라 원하는 효과를 거두기에 긴 호흡이 필요하다. 많은 노력과 끈기는 물론이다. 하지만 ETF라면 분산효과, 투자지평, 추가기회 등의 확보를 통해 일석삼조 이상의 기대함수를 실현할 수 있다.

ETF는 여전히 초기시장이다. 선진국에서조차 본격적인 상품 등장은 10년 전의 일이고, 한국은 채 6년이 안 된 일천한 역사를 지녔을 뿐이다. 같은 맥락에서 아직은 경계해야 할 점들이 적잖은, 검증받지 않은 시장이라 해도 과언이 아니다. 실제로 ETF 데뷔를 주저하는 많은 이들의 반대논리도 여기에 있다.

가령 미국위주의 시장재편과 다양한 각도에서의 쏠림현상 등이 그렇다. 현재 ETF시장의 절대강자는 미국이다. ETF에 들어간 순자산총액 중 70%가 미국국적이며, 당분간 이 흐름은 지속될 전망이다.

한국에선 투자자나 운용사 모두 큰손 위주로 구성돼, 이들이 시장을 쥐락펴락하는 불균형도 시정대상이다. 기관투자가 등 큰손들의 전유물이자 그나마 거래가 상위운용사 상품에 몰려 있어서다.

시장초기란 사실은 반대로 선점효과를 누릴 수 있다는 걸 의미한다. 자산시장에선 리스크를 감수한 선구자에게 많은 혜택을

주는 법이다. 대중관심에서 멀찍이 떨어진 까닭에 때가 타지 않은 덕분이다. 경쟁이 적은만큼 과실은 클 수밖에 없다. 소문 난 잔칫집에 먹을 게 없듯 명품자산이란 일소문이 나기 시작하면 거품이 끼는 건 당연하다. 대중이 몰려들면 변동성과 리스크는 커질 수밖에 없다(물론 이 상황을 역발상적으로 활용하면 더 큰 이득을 얻겠지만, 이는 경험상 쉽지 않다).

높이 나는 새가 멀리 본다고 했다. 투자대가들은 대개 시력이 좋다. 의도적으로 멀리 길게 보려는 습관이 있다. 이들이 독서를 즐기는 것도 실은(느닷없는 것 같지만) 평범한 책 안에서 미래를 내다보는 선구안을 갖출 수 있기 때문이다. 특히 재무나 통계학보단 철학, 심리학 등 인문학에서 투자힌트를 얻는 경우가 비일비재하다. 통섭차원의 훌륭한 시력확보는 곧 블루오션 선점으로 직결된다.

더불어 투자대가들은 흡수력이 빼어나다. 독단적인 의견고집보단 열린 귀를 내세워 유연하게 사고한다. 새로운 상품, 트렌드를 배우는데 절대 인색하지 않다. 능동적이고 적극적인 자세로 신규자산을 찾고 또 분석하는 게 일상사다.

이들에게 ETF는 잘 모르니 경계해야 할 자산이 아니라 그토록 오매불망 찾아왔던 바로 그 상품이다. ETF를 큰손은 물론 발 빠른 상위권 개인투자자들이 선점한 것도 이런 이유에서다.

지금도 늦지 않다. ETF는 여전히 그 자리에 서있다. 물론 위기도 있겠지만, 당분간은 기회에 따른 결과물이 훨씬 매력적인 상품이다. 선택은 투자자 본인에 달렸다. 당신에게 ETF는 경계대상인가 혹은 연애상대인가.

✎ ⬤ ✐ 다양한 세계시장 ETF들

기발한 신형 ETF 수두룩해 …
"맘에 드는 ETF 골라잡아라!"

선진국 ETF시장은 신규상품의 전시장이다. 시장대표지수, 섹터, 스타일 등 전통적인 ETF는 물론, 까다로워진 투자자의 입맛을 맞추기 위해 새로운 개념의 후속 ETF상품들도 하루가 달리 출시되고 있다. 벤치마킹 대상이 되는 기초자산 범위도 주식, 채권, 통화, 실물(상품) 등으로 확산되는 추세다. 상품구조 역시 스왑, 선물·옵션 등을 활용해 추적지수를 따라가거나, 혹은 추적지수의 정수배·역방향 등으로 움직이는 상품까지 내놓고 있다.

▶ 공매도(Short, Inverse) ETF = 대상지수와 ETF의 가격이 반대로 움직이는 ETF를 의미한다. 가령 대상지수가 10% 상승(하락)하면 공매도 ETF 가격은 10% 하락(상승)하기 때문에 ETF를 공매도하는 것과 동일한 효과를 가진다.

▶ 레버리지(Leveraged) ETF = 3 ETF 가격이 대상지수와 동일한 비율로 변화하지 않고 2배, 3배 등의 배율로 움직이는 구조다. 대상지수가 10% 상승(하락)하면 2배율 레버리지 ETF의 가격은 20% 상승(하락)하도록 설계된다.

▶ 사모펀드(Private Equity) ETF = 사모펀드회사에 투자하는 ETF다. 사모펀드회사는 연기금, 은행, 보험회사, 재단 등 기관투자자로부터 자금을 모아 벤처기업, 유망 신생기업 등에 투자하거나 기업개선이 가능한 기업을 매수하는 회사다.

▶ **사회적 책임투자(SRI) ETF** = 최근 유행하는 사회기여 혹은 공익추구적인 흐름을 반영해 만들어진 ETF다. SRI를 잘하는 기업이 결국엔 실적까지 좋아진다는 분석에서 비롯됐다. 주로 책임성, 신뢰성, 투명성 등이 높은 종목들로 구성된다.

▶ **상품(Commodity) ETF** = 금, 은, 농산물, 석유 등 실물자산을 대상으로 한 ETF를 말한다. 상품가격은 일반적으로 주가지수 움직임과 상관관계가 적어 투자자에게 자산배분과 위험분산의 효과를 제공한다.

▶ **샤리아(Shariah) ETF** = 이슬람자금을 유치할 목적으로 이슬람율법(Shariah)에 어긋나는 업종에는 투자하지 않는 ETF다. 이른바 술, 담배, 무기, 향락산업 등 이슬람에서 금하는 사업모델을 지닌 기업을 뺀 뒤 나머지 회사들만 편입한 경우다.

▶ **섹터 로테이션(Sector Rotation) ETF** = 기술적 분석, 모멘텀 투자 등의 방법을 활용해 투자업종을 수시로 변경해 가면서 투자하는 ETF다. 포트폴리오를 시장상황에 맞게 수시로 바꿈으로써 수익을 추구한다.

▶ **인프라(Infrastructure) ETF** = 에너지(석유 및 가스 저장 · 수송), 교통(항공, 고속도로 및 철도, 해운서비스), 공익사업(전기, 가스, 상수도, 종합설비) 등 세 가지 인프라 업종에 분산투자하는 ETF다.

▶ **주식 애널리스트(Stock Analyst) ETF** = 애널리스트가 기본 · 기술적 분석을 통해 발굴된 유망투자 종목을 지수화해 발행한 ETF다.

▶ 채권(Fixed Income) ETF = 채권지수를 대상으로 한 ETF로 대상채권은 국채, 지방채, 사채, 자산담보부채권 등 다양하다. 채권은 이자를 제공하고 투자 안정성이 높아 자산운용에 중요한 방어막 역할을 한다.

▶ 테마(Themantic) ETF = 사회적, 경제적, 기업적, 인구통계학적 테마 등 사회의 관심대상으로 부상할 수 있는 테마주식에 투자하는 ETF다. 청정투자, 질병퇴치, SRI, Corporate Action ETF 등이 테마 ETF의 범주에 속한다.

▶ 펀더멘털(Fundamental) ETF = 시가총액이 아닌 매출액, 현금흐름, 순자산, 배당금 등 재무데이터를 기준으로 편입종목과 비중을 결정하는 ETF다.

– 자료 : 증권선물거래소

ETF 부작용에 대한 경고문
'보글의 걱정'

만인을 100% 만족시키는 투자자산은 없다. 동일자산인데도 투자성향이나 매매타이밍 때문에 상당한 수준의 수익격차를 보이는 경우가 많다. 누가 언제 어떻게 투자했느냐가 관건이면 관건일 뿐이다. 따라서 투자실패를 둘러싸고 상품 탓보단 내 탓을 먼저 하는 게 현명한 투자자의 자질 중 하나다.

투자자산도 마찬가지다. 모든 자산엔 일장일단이 있다. 장점과 단점은 공존한다. 투자자를 위해 좋은 것만 추슬러 반영하면 좋겠지만, 이런 상품개발은 애초부터 어렵다. 이해관계자가 개입되는데다 불특정다수가 동일목표를 추구하는 탓에 과부하가 걸릴 수밖에 없다. 대세상승장처럼 만인이 행복해지는 플러스(Plus)

섬보단 잃는 사람이 더 흔한 제로섬 혹은 마이너스(Minus)섬 확률이 높은 것도 그 이유다.

ETF도 예외는 아니다. 고객가치를 우선한 21세기 최고의 금융상품이라지만, 어떻게 쓰느냐에 따라 양날의 칼일 수밖에 없다. 그나마 투자자가 날카로운 칼날에 베이지 않도록 칼집과 칼자루를 가장 안전하고 튼튼하게 만든 게 ETF다.

그럼에도 불구, 칼날을 쥔다면 어떤 ETF든 상처를 줄 수밖에 없다. 따라서 의도했건 하지 않았건 칼날을 쥐지 않도록 늘 조심하는 게 상책이다.

ETF의 부작용이나 문제점에 대한 근거는 『모든 주식을 소유하라(비즈니스맵)』는 책에 자세히 나와 있다. 이 책은 인덱스펀드의 실질적인 창시자인 존 보글 뱅가드그룹 창업자가 썼는데, 인덱스펀드로 모든 주식을 사두는 게 최선책이라는 입장을 강조했다.

하지만 아쉽게도 인덱스펀드의 변형상품인 ETF에 대해선 시종일관 경계의 눈초리를 풀지 않는다. ETF의 개발의도부터 실제 매매에 이르기까지의 기본적인 작동논리가 업계의 돈벌이 수단에 불과하다는 이유에서다.

〰 칼날을 쥘까 칼자루를 쥘까 'ETF의 치명적 부작용'

ETF의 칼날을 쥘까 염려하는 전문가는 보글만이 아니다. 돈 필립스 모닝스타 임원은 "인덱스펀드가 전문화될수록 투자자가 손해 볼 가능성이 커지는데, 이런 일이 ETF 세계에서 일어나고 있다"고 했다. 점점 복잡해지는 새로운 ETF상품은 세련되지 못한 투자자들에게 큰 해를 입힐 수 있기 때문이다.

금융 칼럼니스트 짐 위언트도 거든다. "전통적인 인덱스펀드를 강화했다는 말은 펀드매니저의 이익을 강화했다는 뜻"이라며 ETF의 과대선전을 경계했다. 전문화된 ETF에 집중적으로 투자하면 개별종목 1~2개에 열중하는 것만큼 위험을 안을 수밖에 없기 때문이다. 이는 지지 않아도 될 불필요한 위험이다. 좋은 게 지나치면 역효과가 난다는 의미다.

여기에선 주로 보글의 논리를 토대로 저자의 사견을 더해 ETF가 지닌 부작용과 문제점 등을 살펴보자.

보글이 ETF를 비판하는 이유는 몇 가지로 요약된다. 인덱스펀드의 단기 투기수단으로 전락, 단절된 투자로 분산효과 훼손, 저비용을 까먹는 높은 회전율 등이 핵심이다. 인덱스펀드를 교묘한 포장기술로 잔뜩 화장해(이 책에선 진화로 표현했다) 겉만 예뻐 보이게 만든 게 ETF란 주장이다. 저비용·매매편의성이 결국 단타의욕을 부추기고, 또 세분화된 신규상품이 특유의 분산효과를 갉아먹는다고 봐서다.

재미난 표현이 있다. 보글은 ETF를 엽총에 비유했다. 엽총은 사냥할 때 유용하지만, 자살하기에도 좋다는 뜻이다. 그는 ETF가 부적절한 시기에 주가 움직임을 따라가도록 유인함으로써, 건전한 매수 및 보유(buy and hold) 원리를 훼손한다고 강조했다. 그는 일부 ETF의 연간회전율이 3,000%를 가볍게 웃돈다는 사실에 우려한다. 이에 따라 가랑비에 옷 젖듯 쥐도불식간에 늘어난 거래수수료가 종국엔 ETF의 비용 효율성을 압도한다는 게 보글의 생각이다.

보글은 ETF의 치명적일 수 있는 상품구조에 속아 넘어가는 개인투자자들에게 다음과 같은 근원적인 질문을 던진다. 스스로도 오랜 기간 고민을 반복한 문제다. 그의 결론은 간단하다. ETF의 패배다. 독자들도 보글의 문제제기에 동참해보자.

개인적으로 질문대상을 ETF가 아닌 액티브펀드라고 한다면 100% 'No' 다. 하지만 ETF라면 대부분 'Yes' 이거나 혹은 긍정답변이 가능하다. 보글처럼 지나치게 비관적인 비판시선만 아니면 지금까지 알아봤던 것처럼 'Yes' 란 대답이 더 현실적이기 때문이다. 단 대전제는 부작용을 최소화했을 때다.

- ETF가 과연 투자자의 꿈을 실현시켜 주는가?
- 하루 종일 실시간 거래로 투자자가 얻는 수익이 있는가?
- 분산투자 수준을 낮추는 게 높이는 것보다 좋은가?
- 추세를 따라 가는 게 이기는 게임인가 지는 게임인가?
- 운용보수에 매매수수료를 더해도 진정 저비용인가?
- 초단기 매매가 장기보유보다 과연 나은 전략인가?
- ETF투자자들은 단타에 빠진 바보가 아닌가?
- ETF가 업계이익과 고객이익 중 어디에 가깝게 놓여 있는가?
- 상식에서 본다면 지금까지의 질문에 분명한 답이 없는가?

ETF는 상품개발 때부터 부작용 가능성이 제기됐다. 상품구조는 좋은데, 잘못 활용할 개연성이 충분해서. 여기엔 고객이익보단 자신들의 돈벌이에 혈안이 된 업계의 탄타 꾐이 주효했다.

잘 알려졌듯 ETF는 92년 네이선 도스트(Nathan Most)가 고안해 냈다. 전통적인 인덱스펀드의 틈새를 노렸다는 점에서 아이디어 는 훌륭했다. 하지만 시장참가자들이 결국엔 그 의미를 퇴색시켰 다. 실제로 최초의 ETF인 스파이더(Spider)는 좋은 취지에도 불 구, 철저히 단기지향적인 투자자들에게 인기를 끌었다.

ETF를 둘러싼 혐의제기는 일견 타당하다. ETF의 부작용은 인 덱스펀드를 그냥 놔두지 않고 이리저리 요리한 게 일종의 원죄 다. 이 결과 ETF는 장기투자에 걸림돌이 되고, 최대한의 분산원 칙을 훼손되며, 잦은 매매로 비용부담까지 높인다는 점도 옳다. 증거도 많다.

아쉽게도 현실에서도 ETF로 장기투자를 실천하는 경우는 드 물다. 보글은 ETF시장의 20% 미만만이 장기투자로 본다.

〰 ETF 단타매매 심각 '연간회전율 12,000%까지 나와'

ETF의 단기매매 정도가 얼마나 심각한지는 회전율로 확인할 수 있다. 결과는 엄청나다. 세계주요 ETF시장의 회전율은 보글의 판단이 기우가 아님을 여실하게 증명했다. 통계를 보면 2007년 9월말 기준(직전 20거래일 평균) 미국 2,517%, 유럽 311%로 나타 났다. 한국 역시 853%로 결코 뒤지지 않는(?) 성적표다. 반면 엉 덩이 무겁기로 소문난 일본은 91%로 집계됐다.

투자자들의 관심이 집중되기 마련인 주요국 대표상품의 경우 상황은 더 심각하다. 상위 · 유명상품에 대한 쏠림현상을 감안해도 도를 넘어선 회전율이 수두룩하다.

　미국이 자랑하는 대표적 ETF인 SPDR S&P500은 12,189%의 회전율을 기록했다. 동시에 대형ETF 중 하나인 미국의 PowerShares QQQ Nasdaq100은 무려 13,386%로 나타나, 놀라울 따름의 연간 회전율을 냈다. 독일의 유명 ETF상품인 iShares DAX도 1,424%로 조사됐다.

　한국 ETF시장의 대표선수인 KODEX200도 연간 1,103%의 회전율을 기록해 단기매매 혐의가 비교적 짙은 편이다. 일본의 OSE NIKKEI225 ETF와 TSE TOPIX ETF는 연간회전율이 각각 210%, 113%로 손 바뀜이 상대적으로 드문 편이었다. 회전율이 높다는 건 유동성이 좋아 거래가 활발한 것으로 해석될 수도 있지만, 저비용구조와 장기성과를 훼손한다는 점에서 ETF의 치명적인 딜레마로 거론된다.

　실제로 ETF를 중개하는 업계도 책임을 피하긴 어렵다. 단기매매를 부추긴 정황증거가 구체적인 까닭에서다. 일례로 세계최대 ETF 중 하나인 스파이더(Spider)가 데이트레이더를 상대로 마케팅을 펼쳤다는 게 대표적이다. 광고문조차 "리얼타임으로 지수를 매매할 수 있다"고 강조했다. 이 상황에서 회전율이 높아지는 건 불문가지다. 보글은 "ETF는 전통적 인덱스펀드를 데이트레이더가 좋아하도록 만든 상품"이라고 혹평한다.

　보글로선 ETF의 분산효과도 의심스럽다. 요즘 ETF는 섹트 · 스타일 · 전략 등을 넘어 레버리지 · 액티브 등 추적지수 종류와 범위 · 운용방법 등이 하루가 달리 세분 · 다양해지고 있다. 일례로 미국에선 최근 레버리지 · 리버스ETF에 이어 액티브ETF까지 상장했다. 투자목적 달성을 위해 선물·옵션·선도거래 상품 등 금융상품의 조합구성도 가능해졌다. 금융당국이 자본시장 경쟁력 강화방안의 일환으로 ETF상품의 검토·승인절차를 간소화하기로 결정(2008년 3월), 업계의 혁신적 상품개발 요구를 들어준 결과다.

ETF가 내세우는 장점 중 하나가 분산효과다. 그런데 보글은 오히려 세분화된 신규ETF의 분산효과가 더 못하다는 입장이다. 시장전체가 아닌 특정자산 투자는 진정한 의미의 광범위한 분산투자가 아니란 이유에서다.

〰️ 취급주의 ETF '단타유혹만 뿌리쳐도 절반은 성공'

섹터ETF를 예로 보자. 은행산업 ETF라면 은행 1~2곳의 주식을 직접 매매하는 것과 다르지 않다. 일종의 집중투자일 수밖에 없다는 얘기다. 보글은 섹터ETF의 경우 전체시장 인덱스펀드보다 분산이 안될 뿐더러 비용도 최소 3배 이상 높다고 주장한다.

게다가 타이밍도 문제다. 특정시점에 출시된 인기절정의 섹터ETF라면 대부분 투자자는 뒷북을 쳤을 확률이 대단히 높다. 실적을 추격한 것에 불과해서다. 인기섹트에 흥분해 비용까지 지불하면 남는 게 없다.

보글은 인기가 올라간 다음 해당섹터에 투자하고 식은 뒤에 매도하면 시점선택의 자충수 때문에 이중불행을 겪는다고 지적한다. 그는 "단순한 상품보다 복잡한 상품을 갈망하는 투자자들의 욕구에 발 빠른 ETF업계가 부응해 새로운 ETF가 쏟아지고 있다"고 걱정한다.

결국 보글은 ETF에 '취급주의'라는 경고문을 넣자고 제안한다. 전적으로 동의한다. 부작용을 염려한 투자대가의 조언은 결코 흘려들을 대목이 아니다. 한국투자자라면 더더욱 그렇다. 엄청난 회전율에서 봤듯 악화가 양화를 구축하는(내쫓는) 현상까지

☑ 세계 주요 ETF시장의 회전율 비교

구분	미국	유럽	일본	홍콩	한국
회전율	2,517	311	91	167	853

• 주 : 2007년 9월말 직전 20거래일 일평균 거래대금 기준(단위 : %)
• 자료 : 「해외 ETF 현황 및 국내 발전방안」, 한국증권연구원

☑ 주요국 대표 ETF 상품의 회전율 비교

국가	ETF명	거래대금	순자산총액	연환산회전율
미국	PowerShares QQQ Nasdaq100	11,253	20,680	13,386
	SPDR S&P500	38,208	77,109	12,189
독일	iShares DAX	284	4,905	1,424
한국	KODEX200	57	1,262	1,103
프랑스	Lyxor ETF CAC40	126	4,764	651
	Lyxor DJ Euro STOXX50	125	6,790	453
영국	iShares FTSE100	84	3,555	581
일본	OSE NIKKEI225 ETF	71	8,302	210
	TSE TOPIX ETF	38	8,304	113
홍콩	Tracker Fund HK	21	4,101	128

• 주 : 2007년 9월말 직전 20거래일 일평균 거래대금 기준(단위: 백만달러, %)
• 자료 : 「해외 ETF 현황 및 국내 발전방안」, 한국증권연구원

목격돼서다. 반복컨대 ETF는 장기·분산·적립효과의 절대원칙을 망각해선 곤란하다.

ETF는 결코 저비용·고수익의 만능열쇠는 아니다. 다른 자산에 비해 고객가치가 높게 반영됐을 뿐 ETF로 패가망신하는 경우가 생길 수도 있다. 은밀한 귀엣말에 현혹돼 가지 말라는 길로 걸어가면 방법이 없다. 지킬 건 지키고, 조심할 건 조심해야 부작용 대신 약효를 충분히 얻을 수 있는 법이다.

그렇다고 ETF를 멀리 할 필요는 없다. 칼날을 쥘까 두려워 칼 자체를 버리면 아무 것도 벨 수 없다. 구더기 무서워 장 못 담그는 우를 범할 수 있어서다. 가계자산을 든든하게 지키고 불리는 데 ETF만큼 훌륭하고 매력적인 대안도 별로 없다. 적극적으로 관심을 갖고 만나되 보글의 가르침만은 잊지 말자. ETF 투자 땐 적어도 단타유혹만 뿌리쳐도 절반이상은 성공할 수 있다.

✎ ●— ✐ 액티브ETF 출시임박!?

ETF 진화의 끝은 액티브인가…
'수익증대 vs 효과훼손' 뜨거운 논쟁

ETF 추적지수 신규개발의 끝은 어디인가. 하루가 달리 ETF 종류와 상품숫자가 증가하고 있다. ETF 종주국인 미국사례를 보면 지수개발은 끝없이 확대·진행될 모양이다. 가장 선진적인 ETF로 평가받는 레버리지·리버스ETF가 이미 상장된 데 이어 2008년엔 액티브ETF까지 본격적으로 출시경쟁을 펼치고 있다.

액티브ETF는 지수(인덱스)추종의 ETF가 가진 근원적인 뿌리마저 사실상 뒤흔드는 혁신상품이다. 추가적인 수익증대가 가능하다는 장점과 시장추적이라는 ETF의 기본효과를 훼손한다는 단점 때문에 논란이 뜨겁다.

액티브ETF는 단순히 지수를 추적하지 않는다. 펀드매니저가 주관적으로 선정한 포트폴리오에 투자돼 인덱스 이상의 실적을 추구한다. 투자스킬이 개입될 수밖에 없어 운용수수료도 비싼 편이다. 액티브ETF는 추적지수가 없고 운용사가 직접 투자대상을 선정한다. 액티브펀드의 운용구조를 떠올리면 이해하기 쉽다.

원래 액티브ETF는 일일 공시문제와 장중가격 결정문제 때문에 승인이 보류된 상품이다. 하지만 2008년 미국의 금융당국은 액티브ETF의 투자과정에서 ETF지수 및 자산구성을 적극 활용할 것이란 이유를 들어 투자회사로 등록하도록 하면서 출시를 승인했다. 동시에 매일 펀드의 구성내역도 공시해야 한다. 액티브ETF는 일반적인 ETF처럼 비용절감 효과가 유지되고 세금측면에서도 유리하다. 하지만 적극적인 운용은 필수불가결하게 리스크를 야기한다는 점에서 손실확률도 배제하지 않을 수 없다.

ETF 성장탄력 위한 조건
'공정경쟁의 경제학'

그럼에도 불구, ETF의 미래는 밝다.

단기시황이나 투자심리 급변에 따른 일시적인 출렁거림은 없을 수 없겠지만, 큰 흐름에서 봤을 때 ETF는 상당한 비교우위를 갖췄다. 특히 2008년 이후 세계경제를 패닉으로 내몬 자산 디플레가 완만하게 정리(연착륙)되면 위험자산이면서 안정성과 경제성이 높은 ETF가 화려한 조명을 받을 수밖에 없다. 액티브펀드에 대한 반성과 대안모색, 그리고 자체적인 경쟁력 강화 등이 맞물려 ETF의 자연스런 붐업이 예상된다. 손바닥이 마주칠 수밖에 없는 상황변화다.

실제로 장밋빛 전망이 많다. 모건스탠리가 2011년 ETF 세계

시장 규모가 2조달러에 이를 것으로 내다봤고, 한국도 2009년 자본시장통합법이 시행되고 투자유치 경쟁이 본격화되면 2010년 15조원에 달하는 알짜시장으로 변신할 전망이다. 신규출시를 감안했을 때 상품숫자도 지금의 2배 이상인 60~70개에 이를 것으로 보인다. 변두리 틈새자산에서 포트폴리오의 핵심자산으로 승격할 수 있다는 의미다.

ETF의 성장 드라이브는 지금도 여전하다. 월가쇼크 탓에 금융시장이 빙하기에 접어든 이후에 모든 투자자산이 힘들어 할 때조차 ETF시장만큼은 비교적 예외였다. 영향이 없진 않지만, 한발 비켜서 있어 유탄충격이 적고 버텨내는 힘도 셌다. 오히려 방황하는 투자자들을 중심으로 ETF에 대한 관심은 더 늘었다. 미국의 경우 2008년 이후 신규 ETF자금의 2/3가 개인투자자의 출처로 밝혀졌다.

🔳 한국 ETF시장 2010년 15조 예상 '탄탄한 성장탄력'

특히 시장초기인 관계로 향후 추가적인 인식확산이 본격화되면 ETF 성장은 한층 탄력을 받을 전망이다. ETF에 관심이 쏟아지기 시작한 2002년 이후 연평균 40%씩 성장했음을 감안하면, 최근의 시장불안이 사라졌을 때 그 이상의 성장세 고공행진도 가능할 수 있다. 실제로 영역확대 중인 인덱스펀드 중에서도 ETF의 비중증가가 뚜렷하다.

다만 ETF의 무난한 성장달성을 위해선 몇 가지 해결해야 할

과제가 있다. 실력(비교우위 경쟁력)만으로 점유증대 및 시장패권을 쥘 수는 없기 때문이다. 제도적 차원의 공정한 경쟁시스템이 갖춰짐으로써 신규 플레이어에게 부과된 핸디캡이 해결될 필요가 있다. 중장기적으론 투자자들의 인식변화와 건전한 투자문화 정착도 ETF 성장을 위한 훌륭한 자양분이 될 수 있다.

한국정부가 역점을 두고 추진 중인 금융경쟁력 확보과제를 달성하기 위해서도 ETF 성장은 필수불가결한 요소다. ETF가 금융산업 성장의 촉진제가 될 수 있어서다. 정부는 자산운용기법 선진화 및 첨단 금융기법을 이용한 우량상품 개발환경 마련으로 운용사간 건전경쟁을 유도하겠다는 전략이다. 고객수요에 부응하는 질적 기반을 갖춘 뒤 국내경쟁력과 함께 증시국제화를 달성하기 위해서다.

실제로 ETF는 정부의도를 최적화하는 괜찮은 모범상품 중 하나다. 이는 ETF의 장밋빛 미래를 지지하는 또 다른 배경이다. 출범초기 운용능력에 대한 우려가 적잖았지만, 해외 선진기법의 적극적 도입으로 난관을 넘겼다.

2007년엔 태국 ETF시장에 인프라까지 제공하는 등 수출실적까지 거뒀다. 또 일본거래소에 KODEX200 ETF를 상장하는 등 해외시장에 교차 출시함으로써 운용능력과 시장경험도 검증받았다. 이런 성공사례는 동북아 금융허브 구축의 중요한 출발점이 될 수 있어 꽤 고무적이다.

ETF의 성공적인 안착을 위해선 제도개선이 필요하다고 앞서 언급했다. 그중에서도 신종상품의 확대보급을 위한 규제완화가 시급하다. 현재 ETF는 자산구성 요건에 몇몇 제약이 뒤따른다.

자본금, 발행물량, 유동성 등이 대표적이다.

　이런 자산구성 요건은 다양한 지수복제 방법개발과 자율운용을 제한한다. 역외ETF의 국내 상장·퇴출 요건도 미비하다. 이는 외국에 상장된 ETF의 국내투자 때 적잖은 걸림돌로 작용한다.

　따라서 해외지수를 추적하는 ETF를 비롯해 다양한 지수복제를 허용해 구성요건을 완화할 필요가 있다. 즉 시가총액 기준 지수구성 비중의 95% 이상 편입 등 상장을 위한 구성종목 의무 편입비율을 완화하고 합성복제방법 등 선진국에선 허용된 신규 요건을 신설해 운용 자율성을 높이는 게 권유된다. 동시에 역외 ETF의 도입근거를 보다 명확히 마련해 새로운 투자기회를 제공하는 게 좋다.

　ETF의 개념도 확대될 필요가 있다. 현행 ETF는 다수종목의 가격수준을 종합적으로 표시하는 지수에 연동해 운용하는 걸로 정의된다. 이때 '연동' 개념에 대한 오해소지가 있다. 연동을 일대일 정비례 관계로 설정하면 시장지수 변화이상(이하)을 목표로 연동되는 ETF 개발을 제한하기 때문이다. 즉 리버스·레버리지·액티브ETF 등이 불가능해진다. 때문에 연동개념을 넓게 적용해 다양한 상품출시 기반을 마련할 필요가 있다.

　같은 맥락에서 추적대상이 되는 기초자산의 범위도 제한·해석될 수 있다. 현행 정의에 따르면 기초자산 범위는 증권으로 제한된다. 증권이란 말 때문에 상품·채권·외환 등 다양한 기초 자산의 활용이 힘들어질 수 있다. 결국 투자가능 자산의 확대해석이 필요한데, 이를 위한 제도적 근거마련이 우선과제라는 지적이다.

운용구조에도 문제여지가 있다. 국내ETF는 추적지수 구성종목에 해당하는 실물바스켓을 편입해야 한다. 국내자산이라면 몰라도 해외의 실물바스켓을 구성하기 어려울 수 있다. 유동성이 부족하고 보관비용 등 지수추적이 상대적으로 힘들어질 수밖에 없다. 완전복제나 대표표본추출법만으론 ETF의 효과적인 운용이 제한된다. 따라서 합성복제방식을 비롯해 지수추적을 위한 다양한 루트를 제공하는 게 필요하다.

설정·환매 때의 납입원칙도 다양화될 필요가 있다. 현행법에선 증권납입·환매 때 실물자산만 가능하다. 하지만 개념확대에 따라 실물설정·환매가 어려운 경우도 발생한다. 가령 파생상품으로 운용되는 ETF라면 실물방식이 어렵고, 해외지수를 추적할 때도 실물자산의 결제가 힘들어질 수 있다.

이때 현금설정을 통해 이런 문제를 해결하자는 목소리가 높다. 즉 해외지수를 추적하거나 파생상품을 활용하는 ETF만이라도 현금설정·환매가 가능하도록 근거를 마련하자는 얘기다.

⌇ 규제완화로 상품다양성 강화 '투자자교육도 신경 써야

다만 라인업 강화를 위한 신종상품 규제완화로 요약되는 제도개선 요구를 무조건 수용해서는 곤란하다. 보글의 지적처럼 업계의 이해관계에 부합할 뿐 칼날을 쥘 수 있는 고객입장에선 차분히 손익계산을 따져봐야 할 이슈다.

규제완화는 필연적으로 위험증대를 낳는다. 방어책이 충분하지 않은 상황에서 복잡한 상품구조가 반영된 신규ETF가 출시되면 비용이 늘어나고, 운용투명성은 떨어지며, 특히 운용성과(가격괴리 확대결과)가 낮아질 개연성이 우려된다. 고객입장에선 전통적인 ETF가 지닌 기대효과나 투자 순기능이 훼손될 수 있다는 의미다.

그렇다고 무작정 반대를 하기엔 논리가 약하다. 그것보단 예상문제를 최대한 억제하기 위한 장치마련이 우선이다. 가령 위험증대가 야기된다는 점에서 투자자 보호 및 위험내역 공시 · 고지에 적극적일 필요가 있다.

또 거래소는 지수추적을 운용사의 위험관리시스템 등 내부통계 절차마련 등을 보완하고, 위험상품 비중제한 등 실질적인 심사기능을 강화하는 것도 중요하다. 동시에 거래상대방의 계약불이행이나 신용등급 하락 등이 투자손실로 이어질 수 있는 가능성을 최소화하는 것도 과제 중 하나다.

ETF에 대한 정확한 특징인식과 함께 건전한 투자대상으로 정착되도록 장기 · 분산 · 적립문화의 확대 · 전파 역시 중요하다. 투자자들이 칼날이 아닌 칼자루를 쥘 수 있도록 투자문화를 바람직하게 조성하자는 의미다. 부작용 최소화를 위한 장치마련이다.

이는 취급주의를 강조한 존 보글의 지적대로 ETF의 최대단점인 '단타유혹'을 억제하기 위해서다. 효과극대화에 도움이 되는 장기투자만 잘 지켜도 부작용은 낮아지는 대신 투자승률은 한층 높일 수 있단 점에서 단타억제는 규제완화 등 제도정비보다 더 우선적인 과제다. 끊임없는 투자자 교육과 홍보가 그 답일 수 있다. 같은 맥락에서 포트폴리오 차원의 접근도 강조될 필요가 있

☑ 증권거래법(Rule 19b-4(e), 1934년) 부여 위한 ETF 요건

종목	요건
종목구성	— ETF는 20종목 이상의 종목(이상)으로 구성 — 어떤 종목도 ETF 총액의 25% 이상 구성금지 — 각 종목은 상장종목
구성종목 요건	— 시가총액의 최소 85%에 해당하는 종목은 유동성 기준 1만 5,000달러에 상당하고, ETF 구성전 2개월 일평균거래량은 최소 100만달러에 상당 — 단 ETF가 200종목 이상으로 구성 시 구성종목의 75%가 동 요건 만족
CU 요건	— 펀드의 1CU는 5만주 이상 — 발행당시 1CU 금액은 100만 달러 이상
추적지수 요건	— ETF는 소극적으로 운용되며 특정지수를 추적
공시 요건	— ETF의 Proxy Value 및 벤치마크 지수가격 등 장중 가격공시

• 자료 : 『해외 ETF 현황 및 국내 발전방안』, 한국증권선물거래소

다. 성격이 엇갈리는 전통적인 투자자산 외에 새롭게 출시되는 다양한 신종ETF를 적극 편입해 포트폴리오 완성을 위한 추가수단으로 활용하자는 얘기다. 우량자산에 대한 투자기회 확대가 가능해서다.

이럴 때 고객입장에선 비로소 자산운용 전략수립 효과를 높일 수 있다. 일례로 개인고객은 저렴한 비용으로 분산효과를 기대할 수 있고, 큰손들도 비용대비 안정성을 담보한 초과수익 기회를 포착할 수 있다. 투자자 편익의 증대다.

미래전망 'ETF가 히트상품이 될 수밖에 없는 이유'

유행(Fad)과 추세(Trend)는 다르다.

유행은 변덕스런 대중들의 심리·행위로 발생하는 단기현상이다. 당연히 논리근거가 희박하다. 하지만 몇몇 유행은 시간에 맞춰 규칙적으로 발생하기도 한다. 이런 게 패션(Fashion)이다. 대부분의 유행은 예측이 어렵다. 유행을 좇자면 빨리 들어가고 빨리 나오는 게 최고다. 금방 정점에 달하기 때문이다. 늦게 뛰어들면 빠져나올 수 없다. 이는 유행을 좇을 때 안게 되는 필연적인 위험이다.

추세(트렌드)는 다르다. 가장 큰 차이가 예측력이다. 중장기적인 동향과 뚜렷한 근거 덕분에 불확실성을 낮출 수 있다. 많은 이들의 지지를 받는 패션이 오랫동안 유지되면 이는 추세로 정착될 확률이 높다. 이때 패션을 가장한 유행에 속으면 곤란하다. 그만큼 이 둘을 구분할 수 있는 거시적 관점과 분석력을 갖춰야 한다. 한편 추세가 장기간 지속되면 이것이 역사라고 불린다.

ETF는 유행일까 패션일까, 아니면 추세일까 역사일까. 이 넷을 가르는 가장 큰 잣대인 노출기간을 감안했을 때 현재로선 유행이나 패션일 확률이 높다. 고작 본격역사 10여년에 불과하기 때문이다. 10년간, 특히 최근 5~6년에 걸쳐 엄청난 기세로 시장을 확장시켰다는 점을 감안하면 일시적 유행보단 패션 쪽에 더욱 가깝다. 그것도 성장산업이란 평가답게 흔들림 없는 방향성을 보였다.

ETF는 유행 아닌 추세 '굳건한 성장근거로 무장'

하지만 지금부터 ETF시장은 추세나 역사단계로 접어들 확률이 높다. 시간이 갈수록 꾸준한 성장세를 바탕으로 확고한 지지기반을 늘리고 있어서다. 반면 최악의 상황을 가정해도 반짝하고 사라질 가능성은 거의 없다는 게 중론이다. ETF의 인기몰이엔 누구나 인정함직한 그럴만한 충분한 이유가 있어서다. 수백수천 개 투자자산 중 1위 패권을 쥐긴 힘들어도 최소한 주류자산 중 하나로 자리매김할 것은 분명한 사실이다.

미국의 경제주간지 〈비즈니스위크〉는 최근 특집기사에서 "새로운 투자상품을 고안해내고 돈을 번 사람들은 항상 앞을 내다보고 움직였다"며 향후 뮤추얼펀드 수가 급감할 것으로 전망했다.

개인투자자들이 수수료가 낮고 투자분산이 훨씬 잘 된 인덱스펀드나 ETF 비중을 늘리면서 지금처럼 펀드매니저들이 적극적으로 투자하는 펀드는 쇠락할 걸로 봐서다. 뮤추얼펀드란 우리가 흔히 이해하는 일반적인 펀드다. 회사방식으로 운용되는 펀드로 미국펀드 중 70~80%가 이에 해당한다. 즉 액티브펀드다.

액티브펀드는 그간 펀드시장의 맹주였다. 물론 지금도 여전하다. '펀드 = 액티브'로 이해하는 이가 절대다수다. 실제로 전체 펀드시장(2007년 주식형 기준)에서 액티브펀드의 비중은 81.9%에 달한다. 인덱스펀드와 ETF는 각각 10.3%, 7.8%에 불과하다.

월가역사 또한 액티브펀드의 성장스토리와 정확히 일치한다. 우리가 아는 월가의 투자고수 열 중 아홉도 액티브펀드를 운용해 천문학적인 수익을 냈다. 피터 린치, 필립 피셔, 벤저민 그레이엄, 존 네프 등이 대표적이다.

하지만 앞으로는 어떨까. 역시 기사에서의 지적처럼 좀 비관적이다. 50~60년간 펀드시장을 장악, 역사로까지 승화된 액티브펀드의 승승장구에 브레이크가 걸릴 확률이 높아졌다. 자연스런 퇴조일 수도 있지만, 고비용·저성과의 감춰진 진실이 밝혀지고 있단 점에선 의도적인 고객이탈이 늘어날 수 있어서다. 실제 징후도 목격된다. 결국 액티브펀드로선 자존심이 무너지는 굴욕 앞에 봉착한 셈이다.

물론 일시·대폭적인 퇴진 가능성은 낮다. 워낙 시장에서 차지하는 규모나 영향력이 대단해서다. 여전히 액티브펀드에 열광하는 투자자도 적잖다. 하지만 그간의 집단최면에서 깨어나는 투자자들이 늘어날수록 입김저하는 불가피하다. 월가의 금융쇼크는 이를 한층 부추긴 사건이다. 펀드 런의 십중팔구가 액티브펀드로부터 비롯돼서다.

현재와 미래추세를 감안했을 때 액티브펀드가 빠진 자리는 정반대의 성격인 인덱스펀드가 차지할 전망이다. 근래에 접어들면서 개인투자자를 중심으로 ETF로의 자금유입은 뚜렷이 늘어나는 추세다. 당장 중원을 지배할 만큼 세력이 급증하진 않을지언정 액티브펀드를 견제할 유력수단으론 손색이 없다. 지금보단 앞날이 더 밝다. 추세가 역사로 승화할 제반조건을 두루 갖춘 결과다.

까다로운 고객의 자발적 자산관리 'ETF가 낙점될 이유'

그렇다면 인덱스펀드를 포함한 ETF가 왜 미래의 히트상품 후보로 거론될까. 미래학자들이 즐겨 쓰는 망원경을 통해 그 근거를 알아보자. 우선 적극적인 금융소비자의 증가다. 날이 갈수록 소비자는 똑똑해지고 있다. 구매자 중심의 시장지배력 증대다.

이미 설계·유통·판매의 전 과정에 소비자가 개입하는 경우가 크게 늘었다. 프로슈머다. 이들은 제공된 상품·서비스를 수동적으로 받아들이기보단 적극·자발적인 참여·개입을 통해 입맛에 맞게 취사선택하려는 의지가 높다.

금융시장도 마찬가지다. 금융고객의 눈높이 상향조정이다. 기성제품처럼 던져준 고기만 먹으려는 고객은 줄어드는 반면 본인이 포트폴리오를 짜 직접 자산관리를 하려는 사람이 늘고 있다. 학력증대와 정보공개·채널확대 등이 전문적이고 자발적인 금융고객을 양산하는데 크게 기여했다.

대럴 더피 스탠퍼드대 경영대학원 교수도 "투자에 도움이 되는 소프트웨어가 발달하면서 스스로 자산관리를 하는 개인들이 늘어날 것"으로 진단한다. 실제로 실시간 매매 편의성과 운용 투명성을 높인 ETF야말로 IT기술의 최대수혜자다. 아마추어의 전문화인 셈이다.

자발적인 자산관리 수요증가는 ETF의 유력한 성장기반이다. 저비용의 ETF야말로 고객친화·우선적이며 포트폴리오 배분 때의 활용도도 높다. ETF로 대리인비용을 절감하면서 성향에 맞는 자신만의 자산배치가 가능해서다.

또 간접과 직접투자의 중간영역인 까닭에 학습효과도 크다. ETF의 중요성을 인식, 공부하려는 동기부여가 충분해지면 투자효율을 높일 수 있다. 즉 보유비중의 문제일 뿐 스스로 자산관리를 하겠다면 ETF는 필수 정복대상이다. ETF가 히트상품으로 뜰 수 있는 이유다.

ETF라면 까다로운 고객입맛도 척척 맞출 수 있는 잠재력을 갖췄다. 대량생산·소비시대는 지나갔다. 이젠 다품종 소량생산의 시대다. 금융상품도 마찬가지다. 규모의 경제라는 메리트가 사라진 자리에 타깃고객의 유인흡수를 통해 고율의 부가가치를 노릴 필요가 있다. ETF의 상품 라인업 강화는 이때 힘을 발휘할 수 있다. 고객성향에 따라 얼마든 ETF를 설계하고, 또 조합할 수 있어서다.

무엇보다 ETF는 불확실성 시대의 효자상품이 될 수 있다. 향후의 자산시장 운영키워드는 리스크관리다. 앞으로의 금융고객들은 시장상황의 복잡·다양성 탓어 언제 터질지 모를 시한폭탄을 안고 살아야 한다.

시장을 떠나지 않는 한 근원적으로 피할 방법은 없다. 조심하는 게 최고다. 리스크관리다. 수익확대보단 손실축소의 마음자세가 필요해졌다. 위험자산도 안전판을 마련한 뒤 편입하는 게 현명하다.

실제로 앞으론 돈을 벌기보단 잃지 않는 방법에 무게중심이 쏠릴 전망이다. 한국보다 앞서 금융시장의 고도·선진화가 이뤄진 선진국의 경우 리스크관리가 최우선과제다. 투자금액의 상당액을 안전자산에 선배치한 뒤 나머지를 리스크자산에 할당하는 게 일반적이다.

버핏의 친구이자 '수비의 달인'으로 유명한 빌 루안은 "벌고자 투자한 게 아니라 잃지 않으려 노력했다"며 "덕분에 오히려 성과가 괜찮았다"고 했다. 수익은 통제 못해도 손실은 컨트롤할 수 있다는 의미다. 중요한 건 살아남는 것이기 때문이다. 이럴 때 시장평균이 목표인 ETF는 불확실성 시대의 주류자산으로 손색이 없다.

한국의 금융시장은 이제 글로벌 플레이어들의 주력무대 중 하나다. 2008년 월가의 금융쇼크로 한국시장이 홍역을 앓은 게 그 증거다. 거액을 매매하는 외인세력의 일상적인 관심지역이다. 한국정부도 시장성장 쪽에 섰다. 강점을 갖춘 한국의 ETF시장을 미국·유럽과 함께 세계 3대 축으로 키울 계획이다.

덩달아 2009년부터는 자본시장통합법도 시행된다. ETF로선 기회다. 규제완화를 통해 증권시장의 행동반경을 대폭 넓혀준 이 법은 ETF에 날개를 달아준 격이다. 국내외 플레이어와 함께 상품 종류가 늘면서 경쟁은 한층 치열해질 전망이다.

경쟁은 곧 성장을 뜻한다. 향후 금융규제가 거의 사라지면 말 그대로 치열한 경쟁이 벌어질 것인데, 이때 수요지속이 목격된 히트상품이라면 자산시장의 추세로 정착되는 건 시간문제다. 선 두주자는 ETF다.

여기에 정부는 2009년 말부터 헤지펀드까지 도입할 방침이다. 글로벌 금융시장에 영향력을 확대 중인 헤지펀드에게 ETF는 효 자상품 중 하나다. 헤지펀드 거래비중을 보면 전체 ETF시장의 70%에 달한다. 미국·영국의 일 거래량 중 45~50%가 헤지펀드 몫이다.

이들이 한국시장에 들어오면 성장세는 탄력을 받을 공산이 크 다. 정부는 은행·증권 등 적격투자자로 분류된 헤지펀드의 파생 상품 투자한도를 폐지하는 1단계부터 전면도입의 3단계에 걸쳐 순차적으로 도입할 예정이다. 다만 헤지펀드 도입은 부작용 최소 화를 위한 금융시스템의 안정성 제고가 전제조건이다.

〰️ 불확실성 시대 'ETF로 미래 돈 흐름 장악하라!'

성공투자를 위해선 미래를 읽는 눈이 필수다. 누가 뭐래도 돈 이 흐를 길목에 버티고 서있는 게 가장 효과적인 법이다. 그러자

☑ 헤지펀드의 부문별 거래비중

부문	거래비중
주식	미국 · 영국거래소 일 거래량의 45~50%
부실채권	미국 부실채권시장의 82%
ETF	세계 ETF의 70%
파생	장내외 옵션거래의 50%, 선물거래의 1/3
CB	CB거래의 70%
기타	정크본드 및 파생상품시장의 1/3

• 자료 : 『헤지펀드의 발달과 영향』, 금융연구원(2005)

면 앞날을 내다봐야 한다. 투자자라면 추세와 유행 · 패션에 밝아야하는 건 이 때문이다. 실제로 추세를 주도하거나 간파해 부를 쌓은 경우도 많다. 선구자들이란 으레 남보다 앞서 미래를 예측하고 준비했다.

다행스런 건 미래를 읽는 게 어렵지만은 않다는 점이다. 조금만 신경을 쓰면 얼마든 미래를 내다볼 수 있다. 힌트는 '지금'에 있다. 느닷없는 추세란 없다. 미래란 현재를 딛고 펼쳐져서다. 이런 점에서 미래는 '숨은 그림 찾기'다. 잘 보면 보인다. 한발 앞서 조류를 올라타야 미래선도가 가능하다.

성공투자도 똑같다. 긴 안목으로 통찰한 후 추세이면을 뒤지다보면 다양한 기회를 찾을 수 있다. 적어도 지금 상황에서 추세로 정착된 것으로 판명 난 ETF에서 미래의 돈 흐름이 보이지 않는가. 고개를 끄덕인다면 남은 건 실천뿐이다.

🔧➖🔨 일본의 ETF시장

아시아 ETF 주도권 경쟁 가세⋯
금융당국 'ETF로 금융경쟁력 높여라'

아시아 ETF시장의 주도권을 놓고 한일양국의 경쟁이 치열하다. 일본이 일찌감치 ETF시장을 열었지만, 최근 한국의 도전이 거세지면서 지금은 박빙의 승부를 펼치고 있다. 특히 신규상품의 출시경쟁이 뜨겁다.

최근 총리 자문기관인 일본의 금융심의회는 금융시장 경쟁력 강화를 위한 주요수단으로 ETF의 활성화를 꼽았다. 2007년 6월 발표한 보고서를 보면 금융업 발전은 일본경제의 지속성장을 위한 핵심과제다. 국내외 시장참가자들의 적극적 유치방안이 필요한 배경이다.

그러자면 시장참가를 위한 유인과 매력제고가 필수다. 이를 위해 금융당국은 ETF 등 거래상품의 다양화를 최우선 과제로 선정했다. 상품다양화에 따른 투자기회 확대야말로 저축에서 투자로의 패러다임 전환을 가속화할 동인(動因)이기 때문이다.

2008년 1월 도쿄증권거래소는 '상품ETF의 상장제도 정비'라는 보고서를 내놨다. 여기에 따르면 국내 상품ETF로 △ 소, 돼지, 말 △ 석유 및 석탄 △ 금, 은, 동, 주석, 우라늄 등의 가격에 연동시키는 상품규정을 정의했다(금 가격연동형 ETF는 이미 오사카거래소에 상장돼 있다. 현물 투자형 상품ETF와는 다르다). 상장제도와 관련해 상장신청자, 상장심사기준, 상장관리, 실효성 확보 등도 규정한다. 이를 통해 상품ETF의 조성을 활성화하기 위해 실물상품을 투자신탁의 주요대상으로 인정하는 등 규제완화가 예상된다.

도쿄증권거래소는 2010년까지 ETF상품을 100여개로 확대할 계획이다. 아시아 최대시장으로 육성해 즈도권을 쥐겠다는 심산이다. 이는 일본 금융당국이 품고 있는 최대희망인 국제 금융허브로서의 위상제고와도 일맥상통하는 목표다. 인재양성, 인프라구축 등과 함께 ETF 등 신종상품의 라인업 강화기 구체적인 실천전략이다. 금융허브 위상획득에 나선 아시아 주요국가와의 경쟁에서 주도권을 쥐려면 그만큼 선진화된 금융시장의 ㅈ위를 갖춰야 하기 때문이다. 이를 위해 약간의 위험과 부담은 기꺼이 지겠다는 게 정부당국의 의지다. 가령 투자자 보호를 축소시켜 전문적인 투자자가 활동할 수 있는 고위험 자산시장을 조성할 계획이다. 동시에 상장폐지주식 등 비상장 금융상품의 거래기회도 보다 늘리겠다는 의지를 밝혔다. 적극적인 자금유치를 위해서다. 투기적인 자산에 불과하다는 일부의 폄하에도 불구하고, 금융당국이 발 벗고 나서 ETF시장을 키우려는 것도 같은 맥락에서 이해된다.